Cheerful Reading

让我们一起**悦读**！

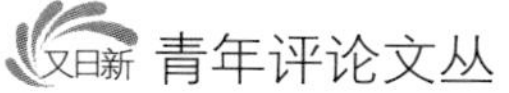

青年评论文丛

善意的分量

刘文宁 著

中国发展出版社

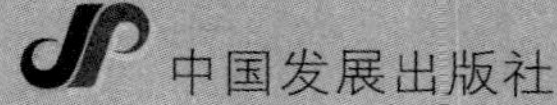

图书在版编目（CIP）数据

善意的分量/刘文宁著. —北京：中国发展出版社，2010. 11

（“又日新”青年评论文丛）

ISBN 978 - 7 - 80234 - 592 - 8

Ⅰ. 善…　Ⅱ. 刘…　Ⅲ. 时事评论—中国—文集　Ⅳ. D609. 9 - 53

中国版本图书馆 CIP 数据核字（2010）第 186681 号

书　　名：善意的分量

著作责任者：刘文宁

出 版 发 行：中国发展出版社

（北京市西城区百万庄大街 16 号 8 层　100037）

标 准 书 号：ISBN 978 - 7 - 80234 - 592 - 8

经　销　者：各地新华书店

印　刷　者：北京印刷集团有限责任公司印刷二厂

开　　本：880 × 1230mm　1/32

印　　张：8. 375

字　　数：200 千字

版　　次：2010 年 11 月第 1 版

印　　次：2010 年 11 月第 1 次印刷

定　　价：25. 00 元

咨 询 电 话：（010）68990692　68990622

购 书 热 线：（010）68990682　68990686

网　　址：http：//www. develpress. com. cn

电 子 邮 件：fazhan@ drc. gov. cn

丛书序　理性是评论的力量

欣闻中国发展出版社要为时评出一套丛书。在这个不少出版社和书商争相炒作名人隐私，拿明星的花边和口水作卖点，追逐那些肤浅的热点和“各领风骚没几天”的潮流之时，还有出版社愿意为看起来不太有“卖点”的时评出丛书，本就让人尊重。作为一个写评论写了30多年的老报人，很乐意为这套丛书写点儿什么，并借此谈谈对评论的一些理解。

认为时评不太有卖点，其实是个误解。先说说《中国青年报》的评论，本报有两套评价系统，一套是“月度评估报告”，另一套是每周的网上点击率和转载率统计——两套评价体系，每一次评论版都占据着绝对的优势，阅读率最高，读者最满意，读者印象深刻的文章最多，点击率和转载数也名列前茅。据我所知，不光是本报，《新京报》、《南方都市报》等影响力较大的市场化媒体也是如此。

最高的阅读率，最受读者欢迎，这不就是最好的“卖点”吗？

有学者认为，当下中国的舆论生态处于一个“时评兴盛”的热言时代，我认同这种评价。我同时感到很骄傲的是，学界和实务界基本达成共识，或者这一波的时评热是从1999年《中国青年报》开创“青年话题”版开始的。中青报领风气之先后，时评这种文体越来越发展成一种民众表达、公民言说的实用文体，如今有报纸必有时评，不开评论版老总们都感觉对不起读者了。没有评论版的赶紧增设评论版，有一个版的扩为两个、三个，不少都市报在日常评论版之外还增设了“评论周刊”。

因为时评有“卖点”，读者有需求，产品有市场，媒体才会竞相开辟时评版。所以，中国发展出版社为时评出丛书，起码是不会吃亏的。

写了这么多年评论，有人问我为什么写评论，我答曰：抡不开丈八蛇矛，只会使匕首。写小说，等刊物七审八审半年有余，性急等不起。有话想说如鲠在喉，哪等得了半年。我写过小说、报告文学、散文，还写过诗、写过歌词，都发表过，但无一成功。酿不出茅台、五粮液，给拥挤的市场平添了一些劣质酒，虽害不了命也醉不了人。不干了，转产杂文和评论，表达强烈度较高的爱憎。一试便放不下了，以至于思维都变成杂文和评论式的。

从写杂文到分管评论，这30多年适逢中国改革开放高歌猛进的大时代。在这个大时代中写评论、编评论、分管评论，积累了一些对评论的理解，借此写出来与评论同仁交流。

都说真实是新闻的生命，那什么是评论的生命和力量呢？我觉得是理性。不像大批判，义愤填膺，大家的肺都气炸了，一叉腰一跺脚，什么都解决了——姚文元当年写杂文和评论，就是不

讲理，他从批杂文家邓拓、吴晗、廖沫沙起家，被江青赐“金棍”称号，统管全国舆论，即统管全国人的说话。姚文元其实是“大批判家”，因为他全然不讲理，说人家写海瑞就是写彭德怀反毛主席，狼子野心昭然若揭，云云。等于说人家想吃饭就是想吃肉想吃人肉想杀人想让千百万人头落地。评论当然不能这么写，必须讲理。

什么是理性？不想给理性下个抽象的定义，只想谈一些具体的要求——这些要求也是我在本报每周的办公例会上常跟同事们交流的。

其一，不要制造伪问题。我很反感如今一些记者和评论员，喜欢在报道和评论中制造一些伪问题，然后用这些看似同情弱者和苦大仇深的伪问题、伪概念去消费公众情绪。

比如，关于留守儿童的评论很多，似乎是一个很严重的社会问题，我觉得留守儿童就是一个伪问题。我们这茬人打小就是留守儿童，很少跟爹妈在一起，因为爹妈都在忙工作。其实也没什么好惨的，无非幼儿园多待了几个月。我在幼儿园住三个月，我家没人接我，都在忙工作。三个月之后，我妈终于接我去了。我妈进来，我一见进来一人，就说“阿姨，您接谁啊？您是接某某某吧？我给您叫去啊。”我转身就给她叫去了，我妈眼泪哗就下来了，亲儿子都不认我了。那个时候谁说过是严重的社会问题了？没那么严重。您摄像机冲着一农村孩子，他半年没见着他妈了，拿着话筒问“孩子，你想你妈吗？”这孩子肯定得想啊，是谁都得想。这就是伪问题。

其二，评论要有社会责任和公共关怀意识。不能只顾自己说着痛快，要谨慎地衡量自己言论可能产生的社会后果，避免言论在特殊事件中可能产生的不良后果。

比如中青报连续几年做高考舞弊报道了，记者一般在开考当天晚上就把稿子发过来了，我说暂时不发，缓个两三天发。7号肯定不发，为什么？我们想得非常清楚，全国都在高考，关系到一千万孩子，再加上家长、长辈，按4:1的比例算的话，几千万人。假如这时候捅出那么大的惊天大案来，对所有高考的孩子是一个消极的影响。当天发肯定是爆炸性新闻，但当天发的社会效果不好，为什么？媒体陷入不道德了。我们做推动社会进步的事情，不能自己陷入不道德。

其三，评论要致力于推动社会进步，而不能渲染社会问题和撕裂社会的情绪。我常跟编辑和记者们讲，我们要尽可能去关注那些触及到这个社会的普遍、深层的问题，对社会的影响是深远、持久的，并对社会进步起到作用，而不是去消费和炒作那些极端丑恶的个案，极端个案，太脏、太恐怖、太恶心的东西要非常慎重。对于那些极端的个案不要动辄上纲上线到体制，要更多去还原和关注事实，而不是先入为主地加入情绪和立场。

其四，评论还是要有大的关怀，有些全局的、大局的国家利益关照。假如我们看到我们阅读率高的那些报道起于愤青而止于愤青，都是那些鸡零狗碎耸人听闻的炒作，那就没有上升空间了。比如力拓间谍案就是非常大的事，是中国国家安全的大问题，可评论很少关注。前几年我看国家铁矿石谈判的时候，我心里非常

难受，怎么回回都输呢？怎么只听一方的主意呢？全世界的钢产量并没有提高，全世界铁矿石的量也没有提高，怎么这个力拓和必和必拓年年就敢涨价，就那么容易涨？评论对这种涉及到国家利益全局的大问题要提供自己的判断。

其五，评论要拒绝浅薄。如今网上炒作一些新闻事件或一些观点时，很明显能看出一些浅薄的痕迹，停留于浅薄的情绪上，缺乏深刻的思考。

就拿手机实名制来说，一说手机要实名就有人骂，手机实名制一定会给一些人带来不方便，但手机不实名的危害更大，任何一个社会的民主法治进步都是要有代价的。比如英国是全世界安探头最多的地方，英国有一部分人就经年不辍地在反对那个探头，但这个探头破案率是非常高的。对与之类似的手机实名制，就不能先骂起来再说，一定要忌浅薄，逮着谁骂谁就成宋祖德了，那实在是很丢人的事情。

其六，评论要能提供新闻之外更多的信息，也就是要提供更多的附加值。要有独特的视角，独到的观察，独家的信息，而不是泛泛的记者和评论员在那儿冲动万分地讲一些废话，毫无信息量，评论要做有信息量有思考的东西。

我前几天在本报唐山记者会上讲话时对记者提出了“下接地气”的要求，要求记者能够了解中国今天的国情、今天的民情，多下去接地气，就是要提升报道的思想含量——评论同样如此。评论员要有“知道得比读者更多的信息”，作出超越读者庸常水平的判断，不能整天呆在电脑前，习惯在键盘上作判断，也必须多接地气。

都说时评是速朽的快餐文体，它的生命只有一天，所以时评结集并没有多少意义。我并不认同这种看法，许多时事热点虽然过去了，可由于发展的惰性和体制的迟滞，问题依然存在，常识需要不断重复，所以文章的价值仍然存在；所依附的新闻由头虽然远去了，但评论的核心在于思想，那些蕴含在评论中的思想仍有着丰富的价值。还有，今天的新闻是明天的历史，同样，评论也承载着更厚重的历史记载功能，从这些评论文章中，我们能看到中国时事发展的轨迹，中国社会改革的历程，这是这套丛书更高的附加值。

《中国青年报》总编辑　陈小川

2010 年 9 月 10 日

目 录

第一篇 民生温度

就业，看病，上学，住房……哪件事不顺，都让百姓眉头紧锁。

1. “中国式退休”，几家欢乐几家愁 /2
2. 治“医闹”，有多难 /4
3. “好医院”的标准是啥 /6
4. 学生及家长的“功利”是怎么来的 /9
5. 解读“母爱的疯狂” /11
6. 好一个“安安静静” /14
7. 高校举债追逐奢华之风该刹车了 /17
8. “先回迁，再拆迁”不仅是时间先后的事 /20
9. 那“怡然的表情”如何换算 /22
10. 水价调整：拿出让人心服口服的理由 /24
11. 让透明机制遏制景区门票“一路高歌” /26
12. “百姓出行不太累”也是政绩 /28
13. 别指望制作虚假广告者把良心当回事 /30

第二篇 草根权益

他们承受着的远不仅仅是底层生存的艰辛，更是被主流社会的边缘、冷淡。他们同样渴望温暖的阳光，渴望站在巅峰，渴望被人尊重的感觉。

14. 那一双双手，不仅诉说着艰苦与寂寞 /34
15. 怎一个“吃苦耐劳”了得 /37
16. “野骆驼”的机警和耐力 /39
17. 他们不是“干活儿的机器” /42
18. 最低工资标准的“爱恨情仇” /44
19. 终结“只涨利润不涨工资” /48
20. 欠薪，“老账”“新账”都要算 /51
21. 三位农民工推开一扇标志之门 /53
22. 与劳动者同行 /55
23. 那扇门那盏灯那条路，为所有人而开 /58
24. 被养着与生存着是两回事 /61
25. 用心灵去感知那别样的世界 /64

第三篇 大地之痛

地震、瘟疫、矿难、有毒食品等，挟着阴风，披着邪恶的黑斗篷，降临人世……我们应对的武器，有良知，有责任，有相助，也有无奈、自责和悲伤。

26. 更多的时候，那些伤痛需要沉寂 /68

27. “以人为本”的分量有多重 / 71
28. 感恩之外也是为了一种寻找 / 75
29. “让学生先走”：良知的回响 / 77
30. 今天，她们身上只有坚强 / 79
31. 真想握一握你的手 / 81
32. 举国志哀：祭奠罹难者最隆重的仪式 / 83
33. 脆弱的生活与珍贵的生命 / 85
34. “坏事变好事”是危险的自慰 / 88
35. “非典”是突如其来的吗 / 92
36. 鼠患过后不要“好了伤疤忘了疼” / 94
37. “问题奶粉”让我们输得很惨 / 96
38. 让瞒报矿难者付出代价 / 98

第四篇 世道人心

财富的欲望，权力的欲望，成名的欲望……欲望形形色色，充斥大街小巷。那“头顶灿烂的星空和心中的道德律”，分量又有多重？

39. 可不可以“慢慢来” / 102
40. 干净，一个极高的评价 / 105
41. 抓住幸福的衣襟 / 108
42. 放下钱，或许会捡起更有意思的东西 / 112
43. “剩女”的境界 / 114
44. 一位好老板与一颗平常心 / 117
45. 让敬畏的力量在我们心中成长 / 120

46. 美味的欲望 / 123
47. “没有什么不可以”的心态很可怕 / 127

第五篇 文化家园

假如所有的城市全都“千城一面”，假如所有的传统节日全都取消，假如所有的物质和非物质的文化遗产全都拆毁，假如所有的国学书籍全部烧掉，那么，我们还剩下什么？我们与数千年传统文化的“脐带”联系何在？我们黑头发、黄皮肤的文化基因何在？

48. “毁真文物，建假古董”：真糊涂还是装糊涂 / 132
49. 城市家园：何时远离浮躁与喧嚣 / 135
50. 只盯着 GDP，自然顾不上古迹保护 / 139
51. 假如没有了传统节日…… / 142
52. 跟世博一起穿越历史憧憬未来 / 146
53. “善意”的分量很重 / 149
54. 刷在墙上的那些叫“标语”的字 / 152
55. 最动人的不是风景 / 155
56. “国学热”的若干思考 / 158
57. 寻找那种敬畏和淡淡的悲哀 / 160
58. 享受奥运的快乐 / 162

第六篇 公民姿态

尊奉平等、崇尚民主、强调权利、重视法治、倡导宽容，这一切的一切，只因为我们拥有一个共同身份——公民。

59. 以公民的姿态站立 /174

60. 平民亦英雄 /177

61. 寒冬里的暖色 /179

62. 时代英雄与社会良心 /182

63. “神话”缘何一再出炉 /185

64. 心甘情愿地纳税该多好 /188

65. 戴手铐的孩子为我们上了一课 /192

66. 我很小，但我很重要 /194

67. 以一个公民的名义 /197

68. 路边那蓬盛开的金盏菊 /200

第七篇 公共治理

“有形之手”能干什么、不能干什么？“有形之手”与“无形之手”的分界何在？官员言行举止的分寸何在？

69. 好制度屡屡走样：设计问题还是执行问题 /214

70. 官员会不会“说话”，立场决定“舌头” /217

71. 应对舆情的“成熟之道” /220

72. 市场失灵时，凡事都要找市长吗 / 222
73. 公益的归公益，市场的归市场 / 225
74. 别让群众的怨气形成“堰塞湖” / 227
75. 当“政绩工程”披上文化的华彩外衣 / 230
76. “公家的便宜”不是那么好占的 / 232
77. 垃圾处理可不是小事 / 235
78. 期待由抱怨到行动的转折 / 237
79. 环境经济政策的推进是一次“大考” / 240
80. 信息公开：一张“王牌” / 242
81. 环评：在艰难博弈中前行 / 245
82. “得罪人的话”该说就得说 / 247
83. 对社情民意的迟钝是极大隐患 / 250

后　记 / 253

第一篇　民生温度

就业，看病，上学，住房……哪件事不顺，都让百姓眉头紧锁。

“中国式退休”，几家欢乐几家愁

早退休的多了，早领退休金的人多了，养老保险基金的压力就大，社保基金管理部门受不了。晚退的多了，岗位腾不出来，后面想晋升的年轻人不高兴，盯着就业率上下波动的部门也左右为难。

来自《工人日报》2010 年 9 月 1 日的报道说，济南一些企业巧立名目造假办理特殊工种退休，为的是企业少交养老保险，个人早领退休金，这种“骗保”加剧了当地养老保险基金的支付压力。4 年来，当地已查处造假档案 3000 多份，涉及养老保险基金数亿元。

这是想早退休的，还有想晚退休的，即机关事业单位的一些女科研人员、女干部要求跟男同事一样，干到 60 岁再“打道回府”。还有前些年，企业改制、分流富余人员时，有一个内退过度的办法。

早退还是晚退？到底啥时退休好？这成了一个问题。

一项好的制度应该能够回应不同人群的利益诉求。为早退而造假，肯定不对，但有没有“多缴费多享受”的制度激励不足原因？要求男女同龄退休的女士，面对现行制度中“可以”二字，也只能在一个弹性的“工作需要与否”下徘徊，她们不得不为理想中的平等而等待。

正像保障房制度走过的历程所显示的，最初各地只有经济适用房、廉租房，惠及面窄，后来增加了两限房、公租房，将外来人口、刚毕

业大学生等“夹心层”包括进来，使得越来越多的中低收入者看到了“住有所居”的希望。尽可能满足不同人群的利益诉求，让刚性制度不乏弹性，包容，丰满，这样的制度才会走向实质的、更深层的公平。

早退还是晚退？有着多方利益纠结。从中，我们必须找到公共利益与个人利益的平衡点。为早退几年而不惜造假，以从事体力劳动的蓝领工人为主，他们期望早点回家，“不上班还能领钱”，而标准高且稳定的养老金自然比一些企业的工资更有吸引力。企业将工人推到社会养老，可以少交一份养老保险。只剩下吃亏的养老保险基金，提前退休者既要少缴5年养老保险费，又要提前支付5年的养老金，一进一出，压力自然加大。而想晚退的，大多是从事脑力劳动的知识分子，精力尚好的她们更希望在事业成熟期赢得更多的社会认可。“不是男女平等吗？”女士们追问的是更高层次的公平。但“工作需要”与“个人意愿”之间如何平衡，一直是个难题。

早退休的多了，早领退休金的人多了，养老保险基金的压力就大，社保基金管理部门受不了。晚退的多了，岗位腾不出来，后面想晋升的年轻人不高兴，盯着就业率上下波动的部门也左右为难。

要走出纠结，正如不少专家提出，在明确最低退休年龄的基础上，建立弹性退休制度，强化养老金水平与退休年龄挂钩的紧密程度，让工龄长、贡献大的人，领的退休金也多，这样，打自己小算盘的人会少些，这是为了制度的公平。同样，为了公平，也应该考虑老龄化社会下，劳动力结构在变化的现实，充分调动各个人群的智力资源，也是利国利民。还是为了公平，理顺目前的机关事业单位人员与企业人员的“退休双轨制”，提升社会保障的社会化水平，等等，都是我们应着手做的事。

（原载2010年9月3日《工人日报》）

治“医闹”，有多难

如果有一个双方信赖的专业鉴定机构介入，如果各地能有完善的医疗责任保险制度，如果当地警察能及时出手，如果绝大多数人能明白医疗技术的效力不是无边的，医院并不能包治百病，也许，南平“医闹”不会发生。

听说过“医闹”，极少听说过如此激烈的“医闹”——据2009年6月29日《中国青年报》报道，数日前，农民杨俊斌因病前往福建南平市第一医院就诊，手术顺利，但术后不久死亡。杨家要求赔钱，院方建议尸检，协商未果，杨家数十人封院门，摆花圈，扣押医生，演化到医患双方群殴，互有人员受伤。最后市委市政府出面，在院方支付杨家21万元后，杨家撤离。数天后，80多名医生到市政府门前静坐请愿，要求“严惩凶手，打击医闹”。

一场“轰动全国医卫界”的南平“医闹”事件，可谓惊心动魄！

在什么样的情况下，这样的“医闹”事件本不会发生？

其一，如果出现医疗纠纷，有一个双方信赖的专业鉴定机构介入，及时出具鉴定结论，分清责任，大家心平气和，矛盾应该无从产生。可惜到目前为止，能令医患双方放心、满意的医疗纠纷处理机制，在我国不少地方尚未建立。尽管7年前我们就有了《医疗事故处理条

例》，该条例已将医疗事故技术鉴定的主体，由原来的卫生行政机关改为后来的医学会，但鉴定的客观性、公正性依然备受质疑。以至于不少患者就认一条：遇到医疗纠纷，请专家鉴定，肯定偏袒医生，于己不利，就得闹，小闹小赔，大闹大赔。

其二，如果各地能有完善的医疗责任保险制度，出了纠纷，先有保险公司出面做出一定赔偿，不会让有的患者担心自己除了闹就没别的办法，矛盾也不会激化。这是由第三方来缓冲矛盾的办法，以保险的方式分担个人及医院的医疗风险。可惜，这种在发达国家被证明行之有效的做法，在我国许多地方还处于空白。

其三，如果当地警察能及时出手，而不是碍于一方情绪激烈而畏首畏尾，甚至被双方群殴者推来推去，这场“医闹”至少不会演变到失控局面。可惜，当地警察可能对类似事件见怪不怪（报道说，当地“医闹”事件时有发生），也许警察以为吓唬吓唬、劝说劝说，就能平息事端，可这一次他们失灵了。

其四，如果绝大多数人能明白医疗技术的效力不是无边的，医院并不能包治百病，医生也不是总能起死回生的神仙，那么，出了医疗纠纷，可能会多几分理智，少几分冲动。这尽管与“医闹”问题并不直接相关，但也是一个不可忽视的基础因素。

设想终归是设想。之前，“医院设立派出所”，“警察进驻医院”，类似的新闻一再提醒我们，医患对立在一些地方已到了较为严重的程度。

亡羊补牢远不如未雨绸缪，道理不难理解。社会矛盾的治理，如果不能着眼长远，不能着眼于制度化疏导，而忙于眼前一次次“救火”，以非常态的“强令”措施平息纠纷，结果只能是：眼前的危机躲过去了，但谁也不知道下一场危机何时降临。

（原载 2009 年 7 月 3 日《工人日报》）

“好医院”的标准是啥

患者只能“跟着感觉走”，凭印象，甚至凭运气，赶上负责任又讲医德的医生还好，若赶上不负责任又不讲医德的医生，则很可能既花了不少冤枉钱却得不到良好服务甚至被误诊。好医院并非是那些规模大、设备高档的医院，而是能够提供合理检查、合理用药、合理治疗的因病施治服务的医院。

针对一些医院片面求新求洋求大的问题，卫生部提出要抑制大型医院盲目扩张，合理控制医院发展规模，为人民群众提供适宜的、负担得起的、安全的基本医疗服务——据《人民日报》2006 年 5 月 12 日报道，从全国医院管理工作会议上传出消息，对此，将建立国家医疗质量保障和持续改进体系，尤其要尽快建立统一的国家医疗质量评价体系和制度，弥补由于标准的缺乏而不能对医疗机构运行状态做出科学客观的评价与衡量的缺漏。

什么样的医院是好医院？一直以来，从医疗机构自身到广大百姓，似乎都难以给出统一的令人信服的标准。照理，医院是治病的地方，好医院自然应该是为患者提供最好的医疗服务的医院。但问题恰恰出在这里。

时下，很多患者尤其是一些疑难病患者在选择医院时以为，那些

等级高、规模大、硬件设施高档的医院就是“好医院”。但患者求医最核心的问题即医院医疗质量如何，则没有相关方面提供相关信息，通常患者也只能“跟着感觉走”，凭印象，甚至凭运气，赶上负责任又讲医德的医生还好，若赶上不负责任又不讲医德的医生，则很可能既花了不少冤枉钱却得不到良好服务甚至被误诊。

这不能不说是一个令人忧心的事实——直接关系广大群众生命健康的公立医疗机构，其医疗服务的质量标准居然一直以来没有统一的评价体系，这无疑会导致患者在医院就医，花多少钱应该得到什么样的医疗服务没有统一标准，花了冤枉钱却没得到相应医疗服务后也难讨要说法。而近年来一些地方不时出现的医疗纠纷案件，与医疗质量标准缺失有着密切关系。

近年来，某些公立医院背离了公益性质，盲目追求经济效益，单纯模仿发达国家医院的硬件设施建设及运营管理，竞相投巨资建设高档基础设施，增添大型医疗设备，一味追求硬件升级和医院规模扩张。而所需大量资金只能通过公立医院在市场上的垄断地位，从医疗高收费中获取。于是，各种不正常的现象发生了，昂贵的不必要检查与医生经济收入挂钩，患者的检查和治疗费用节节攀升，大大加重了患者的经济负担，致使百姓看病贵的现象日益严重。这种医疗思路实际上是将患者视为赚钱的对象，将患者与医院对立为纯粹的商品买卖关系，严重扭曲了医疗服务这种准公共服务的性质。

应当说，“抑制大型医院盲目扩张，合理控制医院发展规模”的提法，是对近年来部分公立医院发展模式的纠偏。它强调公立医院不能继续走外延的、粗放式的发展道路，而应注重内涵建设，即为广大患者提供适宜的、负担得起的、安全的基本医疗服务。站在患者一方的立场，这实际上即是在厘清一个问题：好医院的标准是什么——好医院并非是那些规模大、设备高档的医院，而是能够提供合理检查、合理用药、合理治疗的因病施治服务的医院。

我们的公立医院应该走什么样的发展模式，才是适合中国国情、适合当前广大百姓需要的好医院？“为人民群众提供适宜的、负担得起的、安全的基本医疗服务”，为广大患者提供因病施治的服务，是值得我们期待的评价标准。明确这样的标准，是事关政府为广大百姓提供满意医疗服务、保障百姓生命健康的大事。

（原载 2006 年 5 月 16 日《工人日报》）

学生及家长的“功利”是怎么来的

一边是教育专家，苦口婆心地说，成功的教育必须激发学生的兴趣，顺应学生的天性，让孩子充分发挥专长；另一边是家长和老师，一致认为“考试唯大，分数至上”，兴趣成了奢谈，天性也无暇顾及。在优质教育资源不足、应试教育紧逼的条件下，家长不想方设法让孩子全力以赴考名校，还能有什么更明智的选择？

正值暑假，五花八门的培训班再现热潮。而由北大知名学者主讲的、针对北京高中生的暑期班，档次不可谓不高，却居然报名者寥寥——来自《中国青年报》的报道说，包括“数学的思维方式”、“现代天文学”、“过去的生命”、“文学名篇选读”、“数字化与智能化世界”等7门课，只来了180多位中学生。

高中生缘何不买北大教授的账？报道分析，重要原因之一是这些课程刻意与高考保持距离，意在扩展中学生视野，培养其学术兴趣。而教育专家分析，现在不少学生及家长过于“功利”，“大家似乎都觉得，分数高，考个好大学，将来拿高工资就是成功”。因此，“视野”与“学术”就难免被冷落了。

事关教育话题，时常看到“两军对垒”：一边是教育专家，苦口婆心地说，成功的教育必须激发学生的兴趣，顺应学生的天性，让孩子充分发挥专长，做与自己兴趣相关的工作，才会感到幸福；另一边是家长和老师，一致认为“考试唯大，分数至上”，课堂之外，还要让学生搭上所有周末及假期，上培训班，读教辅书，做练习题。兴趣成了奢谈，天性也无暇顾及。尽管专家们指出，这样的“功利心”“使得孩子们的天性与兴趣都被无情地扼杀了，实际上是对教育本质的误解，是对人性的不尊重”，但家长及学生对此却只能报以苦笑。在优质教育资源不足、应试教育紧逼的条件下，家长不想方设法让孩子全力以赴考名校，还能有什么更明智的选择吗？

将学生及家长的“功利心”完全归咎于应试教育，似乎有些武断，但又不能不承认，至少从目前来看，还没有彻底取消考试的现代教育制度。围绕高考，相关改革一直不断，包括各地自主命题、自主招生、特长生制度，以及最新消息说“高中学生参与志愿服务情况可作为学生评优、高校选拔的重要参考”等，但都不足以与应试抗衡。公众当然期望现行教育制度能让学生及家长少些“功利心”，但就现实来看，还有相当的距离。

于是，每逢寒暑假，“禁补令”之下，各校的补课行动雷打不动。即使是开拓学生视野的课外阅读，不少学生读优秀作文，读哲理小品，读小小说，也是为了考试能得高分，试图为自己的写作找到范例和捷径，其功利之心颇重。就此，《文汇报》2009 年 7 月 18 日给学生课外阅读支招儿：视野宽一点，口味杂一点，品位高一点……只是不知这样的“轻松阅读”倡导会得到多少学生的响应。

从学前教育、中小学教育到大学教育，学校课程设计、升学选拔机制等都需要充分吸纳教育专家的建议，同时结合我国实际，给出更科学更周密的设计。

（原载 2009 年 7 月 23 日《工人日报》）

解读“母爱的疯狂”

“母爱博大、深厚，但也有疯狂的一面”——这是作为旁观者的专家的话。“身在此山中”的母亲们明白，她们“爱孩子才逼孩子”，她们宁愿现在被孩子骂、被孩子恨，也不能让孩子“输在起点”，将来“受罪一辈子”。谁也不敢拿孩子的前程做赌注。于是，一些母亲将孩子绑到一辆无形的战车上，向着一个前途未卜的方向急驰。

“变色龙”、“母老虎”、“河东狮吼”、“丑陋”，这些词汇居然被用来形容母亲，这与我们心目中一贯的“慈祥”、“伟大”的母亲形象极不协调。2005 年 5 月 23 日的《中国青年报》以“家庭排行榜凸显‘丑陋母亲现象’”为题，报道了一些家庭中，妈妈日复一日殚精竭虑地培养孩子，却招致孩子反感甚至敌视的现象，在这种情况下，母亲有苦难言，母子关系严重对峙。之前，有媒体曾报道说，在武汉的一次作文竞赛中，众多小学生笔下，妈妈或成了“变色龙”——考了满分她睡着了都会笑醒，考差了就会大发雷霆；或者是“母老虎”——每次出去玩总被她准确地堵回来；或者是“河东狮吼”，看一会儿电视她就会发作……于是，有专家总结说，“母亲正在成为社会和家庭所有矛盾的焦点”，“母爱博大、深厚，但也有疯狂的一面”。

从最直接的原因分析，母亲的焦虑缘于其望子成龙的心态，尤其是那些自己认为混得并不如意的父母，往往执著地抱定一个信念：我的孩子怎么也不能跟我一样，必须读个好大学，出人头地。于是，不少母亲搭上所有的业余时间，督促孩子做没完没了的作业，陪着孩子奔走于一个又一个培优班之间。疲惫不堪的孩子无力反抗，只好将心中的不满向着身边的母亲发泄。

"母爱博大、深厚，但也有疯狂的一面"——这是作为旁观者的专家的话。"身在此山中"的母亲们明白，她们"爱孩子才逼孩子"，她们宁愿现在被孩子骂、被孩子恨，也不能让孩子"输在起点"，将来"受罪一辈子"。谁也不敢拿孩子的前程做赌注。于是，一些母亲将孩子绑到一辆无形的战车上，向着一个前途未卜的方向急驰。

当我们追问导致母亲焦虑的始作俑者时，我们会感觉十分茫然——希望孩子出人头地，希望"一代更比一代强"，这没啥错；说学校教育有问题，可素质教育提倡多年，教育改革在不少地方也是花样翻新，可孩子还这么累，似乎怪不到谁。可孩子只有一个，总不能等到哪天教育改革大功告成了，再来讨论如何教育孩子吧？

实际上，对孩子望子成龙的心态，不过是点燃母亲焦虑的一个"导火索"。从某种程度上说，追究母亲焦虑的"幕后元凶"，我们必须关注更广泛的层面，即当今社会生存压力的增大、社会整体保障水平偏低、人们生活预期并不明朗等，这些都加大了对未来生活的不确定感，这种无形的压力必然会传导到对下一代的培育之中。应该说，转轨时期、变革时代给了人们更多的个人选择空间和自由，更多的人可以靠个人的后天努力与成就实现自己的人生价值。在不少人看来，这是一个充满生机和活力的时代，但同时也是一个令人备感生存压力之大的时代。

与此同时，母亲的焦虑也与母亲社会角色的负担过重有关。今天，在一些地方，女性在求职、晋升等方面不得不面对比男性更多的障碍。

与此同时，在传统的两性分工的主流观念之下，女性会自觉地承担起更多的持家及教育孩子的责任。因此，“她们的焦虑程度在明显地增大”便不足为怪了。而问题的关键是，她们承载着沉重的生存压力这一现实，却一直为社会所漠视，往往是其他方面出了问题，比如孩子视母亲为“母老虎”之后，人们才开始反思：母亲为什么会这样？基于上述分析，我们认为，关注“母亲焦虑”现象，不能仅停留于家庭教育的层面，不能仅停留于母子情感关系层面，我们更应该关注母亲这一群体在承担社会及家庭角色中长期默默的超极限付出。我们都应当问一问：她们需要什么？我们的社会应该如何帮助她们缓解焦虑？

（原载《北京文学》2008 年第 1 期）

好一个“安安静静”

“安安静静地办学”，指的是一种办学理念，即遵循教育规律、一切为了培养学生健康成长，而不是为了名利办学，为了上级领导高兴办学，为了个人职务升迁办学。它与教育者的操守和定力相关，更与教育制度改革有关，与社会大环境有关。

“教育家校长与非教育家校长的一个重要区别在于，是否把促进学生健康成长作为学校工作至高无上的追求，作为学校一切工作的出发点和落脚点”，“一定要安安静静地办学，要按照教育规律办学，不要浮躁，不要急功近利”——这是教育部副部长陈小娅在日前第二届中国中学校长大会上说的一番话。（见2007年11月26日《人民日报》）

好一个“安安静静地办学”，难得的“安安静静地办学”，久违的“安安静静地办学”。

一段时间以来，一些中小学，择校上演权钱竞赛，名校规模神话般膨胀，公办名校办民校等“改革”纷纷攘攘，乱收费名目繁多，诸如此类，把个安静的校园搞得乱乱哄哄，充斥浮躁之气、急功近利之气。

同样不安静的还有不少高等院校，竞相扩招、升级、“做大做强”、大建豪华校舍等，甚至曝出权学交易、学术抄袭等丑闻，安静、宁静

的氛围似已远去。

"安安静静地办学"，指的是一种办学理念，即遵循教育规律、一切为了培养学生健康成长，而不是为了名利办学，为了上级领导高兴办学，为了个人职务升迁办学。它与教育者的操守和定力相关，更与教育制度改革有关，与社会大环境有关。

它首先需要校长要具备教育家的气度、境界与定力。那些把办教育仅当成混个饭碗、混个一官半职、捞些好处的校长，不会理解这种"安静"；那些不能从内心热爱教育事业、喜爱每一个学生的人，只以眼前的名利而不是以多年后的桃李满天下为人生最快慰的校长，不会理解这种"安静"。

同时，如果主管部门甚至全社会仅以升学率作为评价学校好坏的唯一标准时，让一个校长超然事外，很不现实。即使明知按分数排队、按分数奖罚教师、搞优生差生教育等做法不符合教育规律，校长们有时也会不得已而为之。当那些下力气走素质教育路的学校，最终敌不过走应试教育路的学校时，最终往往是前者的屈从，是惟分数论占了上风。

这种"安静"又何尝不是时下其他领域的稀有氛围呢？在某些地方，踏踏实实琢磨着给百姓办实事办好事的人往往并不引人注目，比较活跃和"吃香"的，多是那些八面玲珑、曲意逢迎、结关系拉帮派的人。在这些人眼中，于自己名利有关的，一定大张旗鼓、不遗余力，惟恐声势不足、手笔不大。有的不顾当地实际大拆大建，城市面貌似乎日新月异，可百姓受惠不多，少数人的"脸面"似乎很有光彩，个人腰包也日渐鼓起。有的为招商引资而不顾环境承受力，致使当地水变黑了、空气污浊了、得病的人多了，可有人却因 GDP 上升而一路高升。与此相对，那些百姓急切盼望解决的民生问题，因费时费力、短期内难见成效，则能拖就拖。

在心浮气躁的状态下，认认真真研究实际问题的人少了，踏踏实实解决民生问题的人少了，一些人更多地看重眼前收益、个人名利。这种风气的危害可能是潜在的，但却是不容忽视的。

“安安静静”做事，倡导的是一种务实作风，一种尽本分的职责意识，一种经得起历史和实践检验的使命坚守——当校长的，要把促进学生健康成长作为至高无上的追求；为官一方的，要把切实改善民生作为终极目标与使命。有了这样的追求和使命，浮躁的心态才能平静下来，名利的干扰也会少一些。

“安安静静”，很难吗？

（原载2007年11月29日《工人日报》）

高校举债追逐奢华之风该刹车了

我们的制度是引导高校竞相向银行借款盖高楼、谁借得越多谁越“有本事”而不顾日后风险，还是引导高校树立节俭办学观念，把更多的精力放在端正学风、培养大师级人才之上？

有高校自曝巨额还债压力，“入不敷出”；有全国政协委员担忧，“巨额债务已成为制约高校发展的重要因素，个别学校甚至资不抵债，‘破产’隐患凸显”；有专家警示“按照严格的财务核算制度，一些大学可能已经破产”；也有相关方面澄清，中国教育“不会成为第二个国有企业”，一些大学虽有贷款问题，但会“认真解决”——近日媒体报道显示，一些高校的财务收支状况正成为舆论关注的热点。

有政府公共财政的大笔投入，有学生每年交上的不菲学费，还有社会赞助等等，许多高校何以陷入“入不敷出”的境地？

复杂原因中，某些高校的奢华办学之风不可忽视。从“大学城”一个个拔地而起，到高校内建起上千万元的星级卫生间、在食堂安装观光电梯、建豪华校门，以及教学科研设备非洋品牌不买、教学设施严重闲置等等，奢华办学之风在一些高校愈演愈烈。我们现有的国力、百姓的承受力与一些高校如此大手大脚是否相称？学生及家长有没有义务为这种奢华办学埋单？答案明显是否定的，因此，来自方方面面的质疑不断。

之前，不堪于节节攀升的大学学费，有人追问：大学生的生均成本究竟是多少？相关方面给出的答复含糊不清，“考虑因素过多，一时难以估算”之类，令外行者只能雾里看花。但再外行的人也明白，生均培养成本里面如果要包括那些举债建起的“豪华门楼”和“观光电梯”费用、那些闲置设备的开支以及无节制的迎来送往等费用，那么，培养成本必然居高不下。事实上，个别高校前几年大兴土木向银行借贷，现在为支付巨额利息所迫，已经开始打学生学费的主意了。这种转嫁奢华办学恶果的倾向必须警惕。

与此同时，银行也没有为保障“到负债边缘”的大学不破产而“兜底”的义务。说到底，那“兜底”的钱同样是百姓纳的税，是百姓的血汗钱。如果无端打了水漂儿，我们心疼。当我们的大学学费与国民收入之比已“遥遥领先”于一些发达国家的时候，不能忘记，是无数百姓在默默地承受着高额学费的重负。当我们在为每年的“大学生占适龄人口比例”不断攀升而引以为荣时，必须考虑学生及家长为此付出的沉重代价。

靠向银行借债办“跨越式教育”，既有高校自己的急功近利，也有地方政府的暗中怂恿。而正是缘于这种“鼓励”，一些高校坚信“银行的钱不借白不借，还不上也有政府管”。

办教育最忌讳急功近利和浮躁、冒进。而成就这种心态的，是相关制度的粗疏与偏差。我们的制度是引导高校竞相向银行借款盖高楼、谁借得越多谁越“有本事”而不顾日后风险，还是引导高校树立节俭办学观念，把更多的精力放在端正学风、培养大师级人才之上？

增强节俭意识，是针对各级干部特别是领导干部说的，也是对全社会的提醒，包括教育领域。为全国农村免除义务教育阶段的学杂费，中央财政下了相当大的决心，对比之下，高校奢华办学之风无疑是对

有限教育资源的无端浪费。

高校奢华办学之风到了必须刹车的地步，必须遏制少数人不计后果的投资冲动，并建立相应的责任追究制度。“所谓大学者，非谓有大楼之谓也，有大师之谓也”——梅贻琦先生的谆谆之言应高挂在高校校长室的墙上，印在管理者的头脑里，更当融入相关的决策制度中。

（原载 2007 年 4 月 6 日《工人日报》）

“先回迁，再拆迁”不仅是时间先后的事

拆迁难，拆迁麻烦，关键是把麻烦留给拆迁户还是留给管理者。不少地方把拆迁一事甩给开发商全权操作，由此闹出的群众上访、暴力拆迁等诸多后遗症，最后不得不由政府部门出面收拾烂摊子。

“先回迁，再拆迁”，吉林省长春市在大规模的棚户区改造中，以一种全新模式加快了拆迁速度，节省了拆迁费用，而且使拆迁居民免受反复搬迁之苦——《工人日报》2008 年 7 月 21 日的一则报道说，5 月底，长春市首山路棚户区的 1300 多户居民直接从棚户区搬进了新家，成为“先回迁，再拆迁”的第一批受益者。

拆迁之所以被称为“城市第一难题”，因为其中纠缠了多方利益和矛盾。棚户区居民望眼欲穿盼拆迁，老少三代同居一室、排长队上公厕的日子实在没人留恋。但拆迁之苦也是人人皆知——为了补偿金的多少与开发商“斗智斗勇”；为数有限的补偿金迟迟拿不到手；回迁房屋质量远不如当初的承诺；过渡期间投亲靠友，生活秩序全然打乱。而那些一心盼着借旧城改造迅速使城市“旧貌换新颜”的地方官员，也希望在任期内干出几桩显山露水的政绩，何况旧城改造总能给当地财政“添砖加瓦”，而政府等米下锅的地方又实在不少。

拆迁难，拆迁麻烦，关键是把麻烦留给拆迁户还是留给管理者。

不少地方把拆迁一事甩给开发商全权操作，由此闹出的群众上访、暴力拆迁等诸多不安定的后遗症，最后不得不由政府部门出面收拾烂摊子。怕麻烦的结果，可能会招致更多的麻烦。

长春市之所以能让百姓“先回迁，再拆迁”，是政府部门把麻烦留在了自己手里——报道中说，长春市棚户区改造采取政府主导的方式，棚户区地块首先由市土地收储中心进行土地收储、拆迁整理，变成净地后，再到土地市场上招拍挂，改变了过去由房地产开发商就某个项目自行拆迁的局面。土地收储提供了大量腾空的闲置土地，并筹集了部分资金，政府可以统筹规划，使回迁房提前建设成为可能。

可以想象，如果长春市有关方面也把拆迁之事全甩给开发商，“先回迁，再拆迁”基本没有操作成功的可能。因此，是“先拆迁，再回迁”，还是“先回迁，再拆迁”，并不仅是一个时间先后顺序的问题。能不能摆正多方利益的天平，肯不肯从源头上将可能给百姓造成的麻烦揽过来、消化掉，有没有管理创新意识，都至关重要。

只要把百姓的利益放在第一位，而不是把所谓的城市形象、或开发商等少数人利益放在第一位，那么，拆迁这一难题就不难破解。同理，各地经适房、廉租房的建设如果也能从缓解民生之苦的高度重视，那么，财政拨款、地块划拨、房屋设计与建设等，总会找到让百姓满意的落实方式。

在各地房价只看涨、难看跌的情况下，中低收入人群越来越明白，要改善居住条件，开发商是指望不上的，只有靠政府。从棚户区改造到经适房、廉租房建设，其力度如何、制度安排是否更切合百姓生活需求，多听听当地百姓的评价，多听听他们的切身感受，不难找到对政府工作的最有分量的评价。

（原载 2008 年 7 月 23 日《工人日报》）

那“怡然的表情”如何换算

普通百姓对所居城市是好是坏的评价，并不取决于建起了几座大楼，他们更在意居家过日子是不是更舒服，比如，晚上散步的地方是大了还是小了，出行成本是高了还是低了，社会治安是好了还是坏了，见到蓝天白云的日子是多了还是少了……

在北京，市属公园启动新一轮“收复失地”，曾将公园内挖出一角“挪作它用”的地方要归还公园，一度荒芜的角落将修葺一新接待游人。据测算，如果各公园能“完整”恢复，承载游客量将增加三分之一，会让公园应对暴涨的游客时更从容一些。

街心公园多了，不花钱散步、打太极的地方多了，这是不少城市大爷大妈的共同感受。随着一座座城市生态环境的静悄悄变化，那一片片绿荫下、草地上，人们的生命表情也在不知不觉间发生了变化。

笔者家住京城经济技术开发区亦庄，2009 年夏天，一座有相当规模的公园悄然现身开发区管委会前，设计精致，布局大气，傍晚消夏的市民成群结队。“这个公园不收费”，人们丝毫不掩饰脸上的欣喜和享受。工装上的灰尘依在，三三两两的农民工穿行其中，昨天他们可能还蹲在路边数汽车，今天他们悠闲地在公园里散步，也许在他们内心，与城里人的差距感在缩小，单调的日子渐渐多了些色彩。

如今，不少城市财政收入的蛋糕越来越大，其中，切给公共设施建设、公共服务的一块是否相应增大，比例是否合理，一般百姓并不知内情，往往凭感观评判。比如，眼看着一幢幢豪华标志性建筑、耗资巨大的大工程大项目接二连三地横空出世，据说是“为了提升城市形象”、“招商引资”。而普通百姓似乎没有这般“高瞻远瞩”，他们对管理者是否称职的评价，对所居城市是好是坏的评价，并不取决于建起了几座大楼，他们更在意居家过日子是不是更舒服，比如，晚上散步的地方是大了还是小了，出行成本是高了还是低了，社会治安是好了还是坏了，见到蓝天白云的日子是多了还是少了……诸如此类。

经营城市当然要算账。某些账算起来，并不是简单的加减乘除。

那些在免费开放的篮球场、足球场上腾空跃起的少年，可能没太多精力上街寻衅滋事，要算账的话，几块运动场地的建设及养护，与孩子们的健康及快乐相比，孰轻孰重？当健身成为一种生活习惯，健康的生活方式带给社会的收益，如医药开支的减少、人的寿命的延长、幸福指数的提升等等，当如何换算？那些进出免费公园、免费图书馆的普通人，脸上多出来的是平和、怡然，淡出的可能是戾气、怨气，这些表情又能换算成什么？那些在免费公园遛弯的农民工，他们对城市的认同正在一点点增加，对未来的信心也在一点点增加，这些又怎么算？

在不易察觉的百姓表情变化的背后，是一种无声的能量，其中含有对政府管理的更多正面评价，还有凝聚力的悄然增加——有多大的投资能收到这样的“回报”？

（原载2009年8月13日《工人日报》）

水价调整：拿出让人心服口服的理由

这些领域的改革不是有关部门敛财的“良机”，更不能借机“甩包袱”。

在北京召开的环球国际（2009 秋季）论坛上，部分国内专家表示，由于水资源成本上升，中国城市自来水价格面临上涨趋势。一席话引得不少人又紧张起来。实际上，此前一段时间，多个城市水价上涨“大合唱”已为这番话做了某些“铺垫”。

各地水价上调的理由各不相同，有的是为筹集南水北调基金，有的是为补偿供水和污水处理企业运营成本，有的是缘于上调了污水处理费。但大多寥寥数语，留下诸多令公众不明就里的猜测空间。

一立方米的水涨几毛钱，一个月多支出十几块钱或几十块钱，对有钱人来说，根本不在乎，但换了中低收入者，就并非小事一桩。该不该涨？涨多少合适？人们并非见涨必反，而是要弄明白一件事：涨价的真实原因何在？有关部门拿出的理由要让人心服口服。

涨价对推进水资源的节约利用能有多少作用？普通百姓明白水价偏低，不利于水资源节约利用的道理。问题是，对多数家庭来说，用水是一种刚性需求，且人们今天的节水意识已比多年前有了明显提高，再指望靠提高水价一项措施来推动节约用水，空间有限。

供水企业所说的“经营亏损”，有多少是其经营不善、人浮于事、

效率低下所致？有多少是增发了不该发的工资福利所致？如果没有公开的账目分析，“经营亏损”只能是自说自话，难有说服力。

当然，对于供水企业的经营压力，公众并不是不能理解。比如，国家对出厂自来水的标准要求越来越高，相应的设施改造、升级都需要投入，必然增加供水企业的经营压力。但如果经营成本总是一笔糊涂账，那么，即使水价提高，补了所谓的企业亏损，也依然可能是一笔糊涂账。其因涨价而带来的收益会不会成为企业提高福利、挥霍浪费甚至贪污腐败的经济来源，公众依然不明就里。

专家介绍，水价大体由原水成本、运营成本及税费成本三块构成，分别占水价的比例是2∶7∶1，而供水企业所说的亏损，是亏在哪一块？三块成本中，哪一块应由供水企业承担？哪一块应由市政管理即政府承担？哪一块应由消费者承担？如果有关方面能给出一个明确的账目和说法，当水价上调时，百姓才会心服口服。

政府的责任尤其值得强调。令人担忧的是，近来一些地方在供水企业改制中，或引进外资，或引进当地民营企业，表现出来的共同迹象是政府在“甩包袱”，而对可能遗留的问题考虑不周。洋水务大举进入，对今后相当长一段时间相关城市水价的上涨，可能形成压力——人家溢价收购水厂，不是“学雷锋”，不会做亏本买卖。有关部门在外资进入点钱时欣喜若狂，不能不顾及多年后外资会不会以经营成本上升为由，要求提高水价而将责任转嫁给消费者。

供水、供热、供气等公用事业的服务，是居民日常生活不可或缺的基本服务，具有典型的公益属性。改制中，政府必须确保其公益属性不能改变。这些领域的改革不是有关部门聚资敛财的“良机”，更不能借机“甩包袱”，为市民提供公共服务的政府职责淡化不得。

（原载2009年10月21日《工人日报》）

让透明机制遏制景区门票“一路高歌”

如果大笔收入用于人头支出，那么，这样的景区就有必要给公众一个说得过去的说法了；如果相当比例的收入上缴地方财政，那么，有关方面就有必要解释清楚，其合理性何在。

尽管国庆节前一些景区门票上涨引来众说纷纭，但著名风景区内依然是人头攒动，游人如织。来自住房和城乡建设部的资料显示，目前我国国家级风景名胜区有 187 处，省级风景名胜区有 698 处，风景名胜区总面积约占国土面积的 1.89%，近年来风景名胜区平均每年旅游总收入约 330 多亿元。在这个“旅游总收入”中，相当一部分是游人掏钱买的门票。而近年来，不少景区门票的“涨声一片”、“一路高歌”屡屡引来公众质疑。

一方是国家发改委禁涨令不断，它让一些景区不敢过于肆无忌惮，但有时也显出几分鞭长莫及，毕竟门票定价权在地方；另一方是诸多国家级风景区，涨价的积极性高涨，都能拿出“名正言顺”的理由——弥补保护资金缺口、偿还建设债务、控制游客流量，且大多也走了“正当程序”，如听证等；再一方，无奈的百姓只剩下对正义与公道的坚守——国家级风景名胜不是谁的私家花园，也不是某地区的摇钱树，它们是公共资源，具有公益属性，每一个共和国的公民都有权站

在这样的风景名胜区内，仰望蓝天，享受阳光打在脸上的惬意。

那么，如何遏制某些人“靠山吃山、靠水吃水”，借着“独此一家、别无分店”的强势姿态来敛财的冲动？

不久前媒体披露的一些数字让某些景区的面子很不好看。著名的黄山风景区，每年只有十分之一的门票收入用作景区保护；云南石林景区2008年门票收入近3亿元，而用于景区日常资源保护的支出仅为3000万元左右。其余的钱哪儿去了？打着“弥补保护资金缺口、偿还建设债务、控制游客流量”等旗号，拿着老祖宗留下的、本属全体公民共享的名胜古迹，肥了地方财政或小群体，这事很不光彩。

由此推及开来，如果所有的国家级甚至省级风景名胜区，一律定时公布景区门票支出明细，也许是遏制景区门票“一路高歌”的一剂良药。如果门票收入中确有大部分用于景区维护，那么，公众会抱以理解，景区也不必枉担个“不清不白”的名声；如果大笔收入用于人头支出，甚至“事业性支出占到40%左右”，那么这样的景区就有必要给公众一个说得过去的说法了，千万别效仿某些企业，一边向国家哭穷，领着巨额补贴，一边自己尽享高薪高福利；如果相当比例的收入上缴地方财政，那么，有关方面就有必要解释清楚，其合理性何在。

让数字说话，让透明公开的门票支出账目说话，明明白白告诉公众，从他们口袋里掏来的门票钱都花在哪儿了？花得是不是名正言顺？这一招有望撬动景区管理机制的改革。

不是对个别地方政府不放心，而是现行的机制给了某些人可钻的空子。不少国家已有一些成功经验，如对于国家公园等重要风景名胜，由国家财政补贴，低价甚至免费向公众开放。百姓日益希望政府能承担起自己应该承担的责任，让百姓享受本该属于自己的权利。

（原载2009年10月10日《工人日报》）

“百姓出行不太累”也是政绩

寻常巷陌中，大爷大妈们评头品足起哪届城市领导人，并不一定记得住当年的GDP是多少，但“那个时候上下班挺顺、不太累”，可能是一个重要标准。

2009年9月12日，全长187.6公里的北京六环路全线贯通，这是目前国内最长的环城高速公路，有望缓解北京城区的交通拥堵，尤其是外地货车不必再穿行市区，国家发改委的评价报告显示，它在未来20年内，预计静态效益达1845亿元；沿线土地将增值220亿元。

那么，六环之后呢？按北京目前这种“放射线+环线”的“摊大饼”方式，不可能再“摊”出一个七环，因为按北京市界图，七环路出了北京市范围。那么，在环路这样的“大手笔”之后，除了继续加快轨道交通建设——因为国外经验告诉我们，这是解决大城市交通的最有效工具——时下北京城市交通更需要“精耕细作”。

有人说，北京房地产已经进入“五环外时代”，意指新开楼盘多集中于五环之外。可以预计，今后想在北京落户的普通百姓，为了上下班，很可能不得不每天要压缩三四个小时的休息或娱乐时间，在五环外与中心城区之间奔波。

并不是北京的路修得不够快。近几年，北京城铁、地铁一条条接连开通，连很多北京人也数不清最新开通的地铁是几号线。但不断提

前的早高峰似乎在提醒人们，即使这样的修路速度也跑不过机动车的增加速度，跑不过城市人口的增加速度，跑不过城市向外扩张的速度，一句话，跑不过北京的现代化发展速度。北京地铁5号线一通车，高峰时段的有些站段“人就挤成了照片”，可以想见，之前沿线居民对这条路的饥渴到了什么程度。

因为我们站在一个要用几十年时间去追赶发达国家几百年才完成的现代化的特殊历史时段，我们必然有着种种焦虑和饥渴。

同样，在其他城市，堵车越来越严重，也都缘于这样一场看不见的激烈竞跑：城市交通建设的速度跑不过城市现代化发展的速度。

堵车，不是几个交警能应付得来的。上海即将开展交通出行大调查，就车牌拍卖、道路拥堵收费等交通管理政策的现状和发展方向，征集百姓意见。这是倾听民意之举，显示了决策者想下功夫啃下城市交通这一硬骨头的姿态。城市交通要“精耕细作”，如主干道与支线间的连接；公交、城铁、地铁的衔接，尽可能少让乘客“长途跋涉，跑上跑下”；新建大型居民社区内的公交进入等。一尊重科学，二尊重民意，尤其要当心某些干扰，如过多的行政干预，以及开发商的暗地操纵——这是中国城市规划学会理事长、两院院士周干峙在“2009中国城市规划年会”上的提醒。

百姓出行成本这事有多大？说“民生为重”也许有些空洞，有一点，寻常巷陌中，大爷大妈们评头品足起哪届城市领导人，并不一定记得住当年的GDP是多少，但“那个时候上下班挺顺、不太累”，可能是一个重要标准。能够让百姓出行不太累，是看不见摸不着但却了不起的政绩。如果一个城市让外来者提起的第一句话是“那儿的路没法走”，这样的城市形象实在不敢恭维；日日生存于那里的百姓，日子会过得舒心吗？

（原载2009年9月16日《工人日报》）

别指望制作虚假广告者把良心当回事

代言广告的明星不过是露在水面上的冰山一角，而下面却是一个团队、一个“行业”做根基。

据《工人日报》2007 年 3 月 21 日报道，北京市消协近日第三次公开致函，劝诫首都地区社会名人、明星珍惜自己的荣誉和形象，拒绝承做虚假和可能对消费者进行误导的广告，提高作为社会公众人物对社会应承担责任的意识。

公开致函当然是有所指的。从“亿霖木业”到“藏秘排油”，明星代言虚假广告涉嫌欺骗、误导消费者，一次次激起公众的愤怒。明星们有的保持沉默，有的大喊冤枉，有的暴跳如雷。但除了舆论的谴责之外，他们几乎毫发未损，而公众的愤怒不仅缘于自己上当了，更缘于看不到有谁受到惩罚。

如果只是喝了几包减肥茶没见减肥，虚假广告之祸似乎不甚严重。而那些退休老人将几万、几十万元的养老金拿出来买了“莫须有”的林地，全打了水漂，其坑人的程度就令人切齿了。更恶劣的，还有那些受虚假医疗广告之惑不但没治了病，反而钱去病更重的，此类虚假广告就近乎谋财害命了。除此，政府相关部门难逃监管不力的责问，明星群体道德水准饱受质疑，也是虚假广告之祸的一部分。

在巨大利益的诱惑下，在无需支付任何风险与成本的情况下，我们不能指望利欲熏心者会自觉坚守良心与道德底线。让虚假广告的参与者付出代价，是公众的一致呼声，两会代表委员也屡有同类建议，只是迟迟见不到相关立法上的实质进展。

打击虚假广告真的很难吗？近来网上热播的国内第一部以打假为主题的网络公益电影《你赔了我赚了》，以诙谐、搞笑的艺术形式，全景演示出电视直销广告的七大骗术——假专家、假概念、假功效、假权威、假煽情、假爱心和假明星，出乎不少人的想象。据业内人士说，制作虚假广告正在形成一个繁荣的“行业”，“这个行业分工越来越细”，有强大的导演团队，有专人跑批文和批示，有广告公司策划，有专门的演员演假专家，有专门代理公司攻克传媒，“有着庞大的资金和人脉”。比如，口香糖卖不出去，就策划说天天吃能减肥和瘦脸；如果香皂卖不出去，就说能去油和美容——这无疑加大了打击虚假广告的难度。

代言广告的明星不过是露在水面上的冰山一角，而下面却是一个团队、一个“行业”做根基。这无疑更为可怕。

因此，惩治一两个不负责任的明星并非釜底抽薪之策。如果我们不能从完善法律着手，不能切断制作虚假广告的整个利益链条，则很难清除虚假广告泛滥之祸。消协的致函也好，舆论的谴责也好，都只能是“外围战”，戳不到非法牟利者的痛处。

值得注意的是，一些虚假广告受害者开始以自己的微薄之力发起了“攻坚”，他们选择了向法律讨个公道，有的得到了当地消协的鼎力支持，这无疑开启了从法律上遏制虚假广告的征程。尽管从目前情况看，他们的上诉之路十分艰难。

（原载 2007 年 3 月 23 日《工人日报》）

第二篇　草根权益

他们承受着的远不仅仅是底层生存的艰辛，更是被主流社会的边缘、冷淡。他们同样渴望温暖的阳光，渴望站在巅峰，渴望被人尊重的感觉。

那一双双手，不仅诉说着艰苦与寂寞

如果我们信奉“劳动筑就人类文明”的历史规律，那么，让我们从尊重这一双双手开始，让这一张张沾满油渍、布满老茧的手，成为沉甸甸的高傲的生命记录。

一张照片，8 双手向上摊开，沾满油渍，布满老茧，有的手指头还裹着创可贴类的东西——《工人日报》2009 年 4 月 11 日用一个整版的新闻照片，记录了塔里木石油勘探队员的帐篷生活——“两个多月不洗澡”，“头发干得竖着长”，“手机只当相册用”，“老茧、唇裂、干巴癣”，几个片断，几个场景，勾勒出他们生活的艰苦和寂寞。那里与我们大多数人熟悉的生活，离繁华、喧嚣的都市，隔得很远很远。

这些记不住名字的面孔，比起“神七”总设计师，比起跨国公司董事长来，几乎没有“知名度”，但他们有一个共同的朴实的身份——共和国的劳动者。

一个“西气东输”工程，创造的经济效益可以用数字计算，但托起这一工程的无数劳动者，包括这些石油勘探工人的付出如何计算？

这一双双手摊开来，向社会索要的是什么？一个人或一家人的一日三餐，一家人的欢笑，同事间的同甘共苦，还有找到油气田后的欢喜与成就——这些，算多吗？

这一双双手摊开来，如果将它们与那些白嫩的但却以坑蒙拐骗为生的手放在一起，与那些拿着高薪却干着见不得人的勾当的手放在一起，这些石油勘探工人的手高贵百倍。这一双双手诉说的是劳动的质朴，是质朴中的高贵。如果我们信奉“劳动筑就人类文明”的历史规律，那么，让我们从尊重这一双双手开始，让这一张张沾满油渍、布满老茧的手，成为沉甸甸的高傲的生命记录。

“神七”上天了，人均 GDP 3000 美元了，当我们屡屡为国家经济实力的提升而自豪之时，看到依然与艰苦和寂寞为伴的工人，我们很是于心不忍。然而，这就是必须面对的现实。特殊的行业，孤独的角落，一群普普通通的人选择了与舒适、现代生活迥然不同的生活轨迹。

除了他们，还有吗？当然。大漠深处的采油工人，国境线上的缉毒警察，冰峰上的边防哨兵，传染病防疫一线的白衣使者……他们工作在人迹罕至之地或危险地带，人数可能不多，但他们长年累月地站在那里，那是共和国不可或缺的岗位。

以苦为乐，并不是我们倡导与向往的。“铁人”王进喜跳进齐腰深的泥浆池，以身体搅拌水泥，治服了井喷——这一画面记录了新中国成立之初，中国石油工人生产一线的艰苦，是今天难以想象的艰苦。这些换来的是什么？是中国摘下了“贫油”的帽子，是中国工业的平地起飞。

告别艰苦与寂寞，我们当然需要更强大的实力，更先进的科技装备。我们期待且相信，每一次的技术进步都会使人类离奴役更远，离文明更近。至少让那一双双大手的辛劳能减轻几分。

当大小媒体把太多的笔触和镜头对准都市的繁华时，边远、艰苦行业、岗位的人和事，几乎淹没在种种喧嚣与嘈杂之中。当我们的记者将社会的真实、将角角落落的多元景象呈现出来，就会让更多的人从个体的生命平台眺望别样的生命风采，让人与人之间融进更多的理解、欣赏与喝彩，让更多的人在了解社会的真实后，体味到一个社会运行靠的是无数人的默默坚守，品味到个人的生命与远在天边的另一群人息息相关，从而，让和谐的图景成为所有人的向往。

（原载2009年4月16日《工人日报》）

怎一个“吃苦耐劳”了得

如果他们过得不好，我们大家都不会好到哪儿去。

爱吃大米的南方农民工算计着两碗米饭要4元，而5个馒头才1.5元，所以宁肯吃馒头。“食堂”里苍蝇乱飞、污水横流——这是记者看到的一些工地上农民工吃的状况；冬天如冰窖、夏天如桑拿房的工棚，没有上下水的地下室，未竣工的建筑物，城中村及雇主家——这是记者调查归纳出的部分农民工的住所。

《工人日报》记者近日走访了多个城市的农民工聚集地，调查了他们吃与住的真实状况。除了上述“窘境”，也有一些企业和地方为农民工提供了干净的食堂、公寓，农民工吃的住的状况不错，可谓“窘”中有喜。但从报道的总体看来，“窘”的成分更多。

农民工打了工，老板不付工钱；农民工出了工伤，老板不出钱医治——这些都是容易引起媒体及公众关注的事，因为有一定冲突成分和矛盾色彩。相比起来，农民工吃得差，住得差，似乎不是什么大事，难成新闻，一直较少被提及，顶多是“某工地发生农民工食物中毒”，“陈化粮销往建筑工地”，“农民工在饭菜里发现吃剩的鸡骨鱼刺”等零星事件被爆出，才引得街头巷尾议论纷纷，不久，又一切如常。

但恰恰，吃和住是一个人每天最基本的需求。报道中，很多农民工自己以为，“吃是芝麻粒般的小事，最能凑合，吃饱就行”。果真如此？难道他们不愿意吃得更可口一点？真实的状况只能是，他们只能面对现实，他们没有更好的选择，为了生存，他们不得不把自己的基本需求压到最低限度。

我们通常说农民工吃苦耐劳，将之作为他们的一种美德来称颂。但有时，吃苦耐劳的背后，更有着若干生存的无奈与辛酸。“吃饱就行”，“有工棚住就行”——他们已经把生存的要求降到不能再低的水平了。如果这样的状况持续得不到改善，那么我们会担心，一旦生活中有个风吹草动，有“最后一棵稻草”不期而至，大多忠厚的他们不一定会想到去找谁要个说法，剩下的选择可能只有撤离，从一度挥汗如雨的城市悄然转身离去。在他们返乡途中携带着多少伤感与苦涩，谁会留意？而他们返乡的沉重背影，投射在国家现代化、城市化的整体进程中，将是一道令人忧心的灰色景象。

如果他们过得不好，我们大家都不会好到哪儿去。企业不能总是等到招不来工人了，才想起当初该多给农民工加几十块工资，该给人家提供一块干净的吃饭的地方，或者盖几幢冬天不太冷、夏天不太热的宿舍——这些条件过分吗？而在那些吃得不错、住得不错的企业，农民工们反馈给企业的，可能是踏踏实实上班而不是心猿意马，可能是看到企业某一漏洞即去主动弥补而不是视而不见，可能是以一条建议而给企业换来一大笔利润……

农民工吃得怎么样，住得怎么样，不是小事。如果他们能过得好些，我们大家才能都过得好些。今天，我们应该有能力去改变，让农民工的脸上多一些体面与平和，少一些无奈与辛酸。

（原载 2009 年 12 月 4 日《工人日报》）

“野骆驼”的机警和耐力

返乡、离家、求职，所有的奔波只为了一只饭碗。一只饭碗的分量有多重？于一个农民工来说，意味着养家糊口；于国家来说，则事关稳定与发展。

“农民工就业形势不像想象的那么悲观”，“这些农民工并不像想象中的那么脆弱”——在想象与现实之中，媒体及各界人士在密切关注着农民工群体，找寻着这个群体在经济“寒冬”里的真实生存状态。

权威部门公布：在1.3亿外出农民工中，“2000万农民工因金融危机失业或没有找到工作而返乡”。这绝不是一个小数字。这些农民工对日后生计如何打算？是留守家中还是离乡返城？他们如何扛过这个“寒冬”？《工人日报》一组《过大年：本报记者跟车、蹲点采访记》，以零距离的跟踪式采访，努力给我们描绘着这个群体的画像，生动、实在，让我们看到这些农民工面对生活变数的忍耐和坚强。

他们首先是务实的。不少农民工明白，自己“回乡是干不了什么的”，所以宁可忍耐着长途的漂泊、异乡的陌生，“老乡带老乡”，借助一切可能借助的力量，向城市进发。有技术的，找活儿时不会对老板低三下四，“像是甲方乙方，没有丝毫求着老板的意思”；没技术的，找到一份不要技术的活儿，“已经满意了”，他们知道自己的定位，对低于以往的工资，似乎也很有心理准备，不用别人提醒、劝告，他们有他们的生存本能。

他们默默忍耐着现实变故所带来的挑战，从不放弃生活的希望。他们“有着野骆驼一般的机警和耐力，能嗅到一洼遥远的水，嗅到一丝随时可能逼近的威胁”。他们已把生存的底线压得很低，甚至可能分不出心来关注一下媒体正热烈讨论的农民工养老及医疗保险改革话题，眼下，他们只求有一份活儿干。他们一次求职的失败，于中介服务者来说，只是让求职者填一张表而最终无果；于左挑右拣的老板而言，可能是月末利润的一个小小零头；而于求职的农民工来说，则是一切都没有着落，舍不得坐一次两块钱的公交，舍不得办一张当地电话卡……但他们并不放弃。

他们大都面无表情，但他们同样有血有肉，有情有义。除了工资，他们更在意老板“对工人好不好——这个最重要”，甚至还能理解老板，“老板有老板的难处”。跟踪采访的记者呈现给我们的，不再只是一个“农民工”的符号，而是一个个鲜活的生命个体。这样的生命需要温情，渴望阳光。

返乡、离家、求职，所有的奔波只为了一只饭碗。一只饭碗的分量有多重？于一个农民工来说，意味着养家糊口；于国家来说，则事关稳定与发展。

这些农民工们可能来不及想为啥自己要为饭碗的事如此辛苦奔波。他们的父辈的父辈只需守在家中的炕头，过着面朝黄土背朝天的小日子；他们的后代的后代很可能会与时下城乡夹缝的尴尬挥手告别。只有他们无可选择。他们只能不停地奔波，在奔波中寻找着自己及全家人的希望。

如果把国家的城市化、工业化、现代化看成一条行船，那么，这

些在城市与乡村间艰难找寻着生存空间与方式的农民工，则是一群拉着船前行、胼手胝足的纤夫，他们肩上纤绳的拉力很大。没有他们，这条船的前行几乎是不可能的。他们应该从国家的进步中得到些什么。来自政府及各界的援助之手，正在努力为他们架起相对平坦的生存之路。

“人在旅途，难免要面对各种变数”——记者的感言，并不仅对农民工而言，于我们所有人来说，在这个不寻常的时代，适应种种变数，同样是我们无可回避的生存状态。

（原载 2009 年 2 月 13 日《工人日报》）

他们不是“干活儿的机器”

他们所需要的，只是一种激励机制，还有能够让他们看得见的通向成功的台阶。

连续多年的厂技术状元，一直无缘晋升高级工；抽调几个固定的技术尖子，封闭集训，应付各项技术比武，屡屡拿奖得名次，而周围职工则无心学技术……《工人日报》2008 年 9 月 13 日以一个整版，报道了一线工人为时下企业技术比武“号脉”号出的问题。

技术比武，技术竞赛，于企业、于职工本是双赢的好事，何以在部分企业落入形式主义的窠臼？事情本不该是这样的。

包起帆、王亮、李斌、孔祥瑞……无数劳动模范都是从出色的技术工人队伍中走出来的，是从企业技术比武的擂台上比拼出来的。

让我们回到问题的原点。当我们讨论技术比武在某些企业受冷落这一现象时，其实是不自觉地限于特定企业之内，即国企。而在不少私企、外企中，经营者招人之初就是按技术水准“以质论价”。经营者心里最清楚，一个高水平的技术工人，给企业带来的收益可能是几十万元、几百万元甚至更多。在技术已经明码标价地转化为市场价值后，不用经营者哄着催着赶着工人们学技术。所有的工人都明白，自己技术的好坏直接决定自己的收入与饭碗。

然而，在部分国企，情况有所不同。评职称论资排辈，打击了大批年轻人的上进心；收入上，技术水平高低在收入上的差距并不明显。尤其是一些年轻工人，玩游戏的劲头远远大过学技术的劲头。

是人的问题还是机制的问题？

奥运会之所以令万众瞩目，之所以吸引那么多运动员，因为那是成就梦想的地方，那是挑战生命极限的赛场，更是检阅人生高度的舞台。同样的道理，对于广大企业职工来说，日复一日，上班下班，日子平淡无奇，可能终身默默无闻。但这不等于他们就没有自己的梦想，就不想出人头地。他们同样有仰望星空的时候，同样有对成功的向往，有站在人生巅峰的渴望。他们所需要的，只是一种激励机制，还有能够让他们看得见的通向成功的台阶。

企业的经营者如果明白了这一点，就不应该把工人仅仅看成“干活的机器”，就应该想着如何打造一套激励工人学技术的良性循环机制，为他们搭建起走向成功的阶梯，为他们铺就成长成才成功的土壤。

明确了这一观念之后，再来解析一些职工缘何无心学技术，就会相对简单。事实上，很多企业已经做出了积极尝试。比如，彻底抛弃那些老掉牙的条条框框，不再论资排辈，对技术拔尖的，在职称、薪酬、荣誉上，大幅倾斜，让技术尖子名利双收。

每年“五一”劳动节前后，那些身披劳模等荣誉绶带的工人，站在先进表彰大会上，站在众人的尊重中。而在公众视野之外的，则是其所在企业对优秀劳动者的激励机制。

归根到底，从机制上着手，承认并尊重技术的价值，让技术人才身价倍增，至关重要。

（原载2008年9月19日《工人日报》）

最低工资标准的“爱恨情仇”

劳动力价格不是纯粹由市场决定的，除了市场竞争，还会有政府从法律制度上的干涉，还有劳方与资方的谈判和利益博弈。

如果一个打工者辛辛苦苦干了一个月，拿到的薪水不足以糊口，或者难以维持一家老小的一日三餐，结果会是什么？问题出在哪儿？政府应该怎么办？其他人应该怎么办？

先说结果，或者等着政府或慈善机构的救济，或者干脆不打这工，去抢去偷，去乞讨，或者拿起一把刀冲上大街向素不相识的人挥去……

去抢去偷去杀人，谁都不希望它真的发生。而要防止它发生，前提是要有像防火墙一样的制度设计。而最低工资标准的设定，应该就是其中的一道防火墙。

随着经济的回暖，江苏、北京、广东等地已经或拟调高当地最低工资标准。这在很多打工者看来是利好消息，但同时，还有另一面的情况我们也不能视而不见——部分地区最低工资标准调整不及时，少数地区没有制定小时最低工资标准，没有将劳动者的“三险一金”纳入制定最低工资标准的考虑因素中，一些用人单位以实行计件工资为由，拒绝执行最低工资制度，利用提高劳动定额变相降低工资水平，

等等。

制定及调整最低工资标准的意义是什么？其经济、政治、社会层面的利弊各是什么？对此，学者、企业界人士争执不休，其中纠缠了诸多的“爱恨情仇”。

最低工资标准的确定主要考虑六个因素：就业者及其赡养人口的最低生活费用，物价指数，个人缴纳社会保险费等费用的水平，当地的社会平均工资水平，经济发展水平和就业状况。这六个因素中，最主要的是劳动者及其赡养人口的最低生活费用和价格指数。

用非经济学术语来解释，一句话，让劳动者包括最底层的劳动者有个基本的收入，至少能维持其自己及家人的温饱，甚至再多出一些。

支持这一制度的人士认为，推行最低工资标准体现了基本的经济伦理，能让底层劳动者的劳动权益有一个兜底的保障，能让他们在看着别人挣大钱的同时，自己的日子也过得去，这当然有利于增进社会的和谐。从经济层面而言，劳动者口袋里有钱了，才有能力消费，才会促进消费市场的扩大，才能拉动内需，推动国家经济的持续健康发展。而日本上世纪 60 年代的“国民收入倍增计划”带来了一场消费革命，就是一个很好的例子。还有，推行最低工资标准，能促使企业产业升级，不再停留于靠低廉的劳动力成本赚取可怜的加工费的来料加工经营方式。如果地方政府能顺势而为，淘汰一些传统产业，培育一批新的技术密集型产业和高附加值产业，就会使产业走向一个新的高度。

唱衰派、反对者则认为，最低工资标准涉嫌干涉自由市场，它反过来会伤害政策本想保护的打工者，因为一旦强行规定甚至提高最低工资标准，会增加企业经营成本，很多本来生存艰难的中小企业就会关门，打工者就会失业。是“保多数人的岗位”重要，还是“保部分人的工资”重要？说到产业结构的调整，这方人士认为，从工资的提高到产业的结构，有一个滞后期或者过渡期，不可能一蹴而就。因此，在劳动密集型产业升级为高新技术产业的过程中，有可能使得一些企业被淘汰，并流失一部分投资，这就会牺牲短期的经济发展空间。

一场“爱恨情仇”的纠葛，遮蔽了多少似是而非的观念。

最关键的，制定最低工资标准是不是干扰市场的自由竞争？

在市场经济条件下，劳动力供求关系是决定劳动力价格的重要因素，这一点无可置疑，但同时，由于劳动力不是一种普通商品，任何国家的劳动力价格都不是纯粹由市场决定的，除了市场竞争，还会有政府从法律制度上的干涉，还有劳方与资方的谈判和利益博弈。

从操作层面讲，在最低工资标准问题上，有没有一个让打工者、企业、政府三方都能接受的理想路径？

其一，正视并突破中小企业发展中的制度性限制或障碍，是当务之急。比如，它们面临的行业垄断、准入门槛高、融资困难、缺乏政策扶持、税费负担过于沉重等权利匮乏问题。如果从制度上能给中小企业松绑，那么，中小企业可以有更多的发展空间，即使想压缩成本，也有能力从管理、科技创新方面着手，而不只盯着打工者的工资这一块成本。这样，打工者的就业就更为稳定，“保多数人的岗位”还是“保部分人的工资”或许不再是两选一的难题。

其二，在我国，资强劳弱。如果我们能够强化劳动者的谈判和博弈能力，则最低工资制度推行起来会更为顺畅。

此外，我们还寄希望于全社会关于公平、道义、责任的理性认知更快地成熟起来。其他国家已经给我们做出了榜样。比如，美国兴起的“咖啡公平交易运动”，“反对服装制品血汗工厂运动”等，都是通过消费者在道义和责任的驱使下，努力使一直生产物美价廉的咖啡及服装制品的工人的收入能提高一些，进而摆脱贫困状态。

以“咖啡公平交易运动”为例，长年喝着拉美等发展中国家生产

的咖啡的美国人突然发现，为自己提供美味咖啡的咖啡农的收入少得可怜，生活贫困，入不敷出。于是，一些劳工NGO和有责任感的消费者尝试改变，在20世纪90年代末建立起了“公平交易证书”制度。加入这一体系的咖啡商必须以1.26美元一磅的价格，绕过中间商，直接从咖啡农合作社里收购咖啡，这个价格比以前的0.4美元一磅高了三倍，咖啡农明显受益，摆脱了极端贫困。

这里，绝不是只有“按质论价”，“一手交钱，一手交货”的市场交易，更有人与人之间息息相关的道义与责任感。这里所说的“人与人”可能是素不相识的人，相隔万里的人，不同国家、民族、种族、阶层的人，在全球化的今天，我们彼此相互依靠，大家好才是真的好。如果说我们的经济发展现状决定了我们离美国的“公平交易证书”制度还有相当距离，那么，关心我们身边的同胞，让那些低收入者不被快速发展的社会所抛弃，不对生活丧失信心，最终受益的则是我们所有的人。

不久前，英国的《泰晤士报》提出这样的一个观点，如果要预测中国经济未来走势，有一个重要因素就是看中国广东省的最低工资标准。最低工资标准制度是一个风向标。而其核心，即公平与效率之间的平衡。

（原载《中国质量》2010年第5期）

终结“只涨利润不涨工资”

给普通职工涨工资，“意味着‘廉价劳动力’时代开始终结”，“民富则国富”，“是关乎中国工业整体发展水平的大事”。

当“只涨利润不涨工资”、“只涨老总不涨员工”让不少普通劳动者抱怨不已之时，“劳动和社会保障部将采取五项措施提高企业普通职工工资收入”的消息自然引来多方关注。从多个角度肯定了此举的重要意义，如“一方面可以直接实现扩大内需，推动经济增长，另一方面则利于解决广大民众的生活生计问题，缩小收入差距，降低基尼系数，从而为社会和谐奠定必要的基础。这既是民生之要，也是发展之本”，“意味着‘廉价劳动力’时代开始终结”，“民富则国富”，“是关乎中国工业整体发展水平的大事”，等等。

接下来，人们更关心的是这一利国利民之事能否顺利成为现实，在美好愿景与现实之间将有多长的距离。如果我们把可能的障碍设想得更充分些，也许并不是一种过于悲观而是更为理智的思维方式。首先，我们不能低估某些顽固观念的掣肘。比如，“给工人涨工资会降低中国企业的国际竞争力”——类似的声音一度甚嚣尘上。而这一主张回避不了的核心问题是，如果眼看着外资从中国企业拿走巨额利润的同时，却是大批中国工人始终在低收入的窘境中生存，这是我们所致

力追求的现代化目标吗？我们不能不警惕这样一种趋向：贪恋于工人低工资的“竞争优势”而怠于在产品升级换代、产业结构调整上下功夫，将是一种危险的短视，逃避不了的结局是在国际竞争中渐渐失去优势。

让广大百姓共同享有改革开放成果的宏大目标中，涉及完善社会保障体系、提高公共服务水平、改善国民收入分配体制等诸多命题。其中，给普通职工涨工资可谓最直接、最现实的途径之一和具体体现。

其次，就实际操作而言，给普通职工涨工资涉及工资改革与管理的诸多基础性工作。尤其是在多种所有制、多种用工方式并存的现实条件下，确保普通职工工资的合理增长，工资管理与改革必须到位。比如，最低工资标准的制定及调整，工资指导线、劳动力市场工资指导价位和行业人工成本的相关信息采集与决策，不同行业劳动定额和工时等劳动标准的确定等等。实事求是地说，这些领域还有不少亟待解决的问题和尽快完善的工作。如果工资管理的基础性工作不到位，给普通职工涨工资可能只会停留于文件上、口号上，也可能使一些企业钻政策法规的空子，给相关执法工作带来相当困难。正如多方人士已经意识到的，给普通职工涨工资，工会组织扮演的角色重要，担当的职责重大。现实中，许多地方工会已经开始尝试通过集体协商，争取职工工资随着企业效益的提高而水涨船高。尽管与资方的谈判过程曲折艰难，但这一可喜的开端已显示出其不可低估的社会效果——那些没有工会组织或没有加入工会的职工，羡慕有工会为员工争工资争福利；加入了工会组织的职工则期待工会更大胆、更有效地为维护自己的合法权益说话、办事；而资方通过工资集体协商，也渐渐意识到工会组织的能量不可小觑。工会组织的作用和影响力就是在这样实实在在的工作中一步步发挥和扩大。

因为工资调整直接涉及百姓现实利益，所以人人关心，十分敏感；

因为这项工作比较复杂，不可能一蹴而就，所以相关部门必须做好充分准备。人们希望看到政府、企业、工会合力办好这件利国利民的好事。

（原载 2007 年 5 月 22 日《工人日报》）

欠薪，“老账”“新账”都要算

具体到每一桩欠薪事件，具体到每个拿不到工资的劳动者来说，其痛苦都是百分之百的。

欠薪又出“新动向”。来自《工人日报》的报道说，深圳部分企业采取年底扣薪的方式强行留人，以缓解来年招工难，对此，深圳市劳动和社会保障局曝光多家欠薪企业。上海部分用人单位将年终奖变为“留人奖”，专家提示，情节严重的属于克扣或无故拖欠工资，有关部门将以侵权论处。广州一些白领面临“隐性欠薪”之困，为保住饭碗，对无薪加班、年终奖被克扣等只能忍气吞声。

关于欠薪，可谓“老账”未清，又欠“新账”。一方面，以往影响十分恶劣、涉及人数众多的欠薪事件在逐步减少，但远未绝迹；与此同时，一些矛盾尚未激化、涉及人群较为分散、涉及法律规定比较模糊的欠薪事件正在滋生。

先说“老账”。近年来，欠薪问题屡屡成为媒体及公众关注的焦点。尽管在各地强力整治之下，重大恶性欠薪、逃匿事件明显减少，有关欠薪讨薪的报道给公众的刺激也不像以前那么强烈，但类似“海南临高县300多农民工10年拿不回工钱”等典型案例依然时有出现。即使是“沈阳市政府与工会联合行动为农民工讨工钱，40多天讨回欠薪 7377 万元”的正面报道，也同样揭示着欠薪话题并没离开我们的社会生活。欠薪现象并未绝迹，整治欠薪尚未到鸣金收兵之时。即使一个地方欠薪的比率大为下降，但具体到每一桩欠薪事件，具体到每个拿不到工资的劳动者来说，其痛苦都是百分之百的。

追“老账”遇到的还是老“病根”。比如当地政府拿不出足够的钱修路盖楼，即让施工方垫资施工，施工方于是拖欠工人工资；比如建筑市场缺乏规范，层层转包，最后包工头“人间蒸发”，承包商拒不认账，农民工讨薪无门等等。因而，各地整治欠薪积累的成功经验，如建立农民工工资保证金、暂停欠薪企业招标资格、将严重欠薪者清除出当地建筑市场、司法联动及曝光等，应该巩固成果，使之制度化，程序化，不能虎头蛇尾、一阵风，不能让欠薪现象卷土重来。

再说“新账”。比如，不少白领为拿不到年终奖而苦恼。用人单位的“理由”是，年终奖不是法律规定必须发放的收入。而专家主张，年终奖包括年终加薪、年终双薪、绩效工资等，是用人单位根据全年经济效益和对员工全年工作业绩的综合考核而发放的一次性奖金，属于合法劳动报酬的范畴，并不只是用人单位激励员工、留住人才的手段。那么，我们的法律法规如何给出一个更为明确的说法，也是一个新课题。

无论“老账”还是“新账”，凡欠薪现象，必须治理，这需要相关部门拿出足够的决心和勇气——“不管欠薪的理由是什么，只要企业出现欠薪问题，都在劳动部门的查处和打击之列”——深圳市劳动和社会保障局相关负责人的态度和决心，值得肯定，值得提倡。有了这样的态度和决心，我们才能更积极地探求有效整治欠薪的制度安排，才有望杜绝一切欠薪“新动向”的滋生。

（原载 2007 年 1 月 25 日《工人日报》）

三位农民工推开一扇标志之门

从暂住证、务工证、就业证到医保卡、工会会员证、选民证，农民工享受的权利从经济层面向政治层面递进。

三位农民工代表成了本次两会上媒体最为关注的采访目标——朱雪芹、胡小燕、康厚明，分别来自上海、广东和重庆。当他们走进中国最高权力机关的会场时，他们推开了一扇标志之门，一扇标志中国民主政治的发展之门。

一年前，十届全国人大五次会议关于十一届全国人大代表名额和选举的决定中说，十一届全国人大代表中，来自一线的工人和农民代表人数应高于上一届；在农民工比较集中的省、直辖市，应有农民工代表。

这是回应现实与时代发展的选择——这个我国产业工人主力军的近两亿之众的群体，这个随着城市化进程还将不断壮大的群体，一直少有人大代表。因为他们长年游走于城乡之间，其政治权利既难以在原籍行使，也无法在实际居住的城市行使。这对人民代表大会本应具有的广泛性、代表性而言，是不小的缺憾。

今天，没人能忽视农民工的价值。从暂住证、务工证、就业证到医保卡、工会会员证、选民证，对农民工的歧视性规定逐渐消除，越

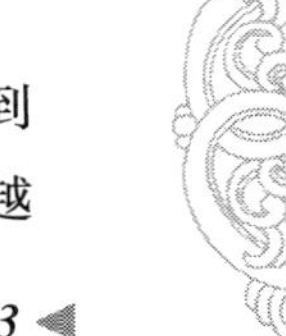

来越多的农民工开始享受和城市居民同等的公平待遇和发展机遇，享受的权利从经济层面向政治层面递进。

这是历史的必然，这是时代的必然。

在既是农民工输出大市又是农民工就业大市的重庆，2007 年 11 月 4 日迎来首个“重庆农民工日”，开全国省级先河；在著名的小商品集散地浙江义乌，打工妹朱林飞 2002 年就以高票当选该市第一名农民工人大代表。

为什么是义乌？为什么是重庆？因为两地都是农民工集中之地。农民工在当地经济社会发展中的作用不容忽视。

所以，农民工代表走进全国人大会堂，并不是谁的主观意志，不是人为的勉强。

当然，“登堂入室”仅是第一步。我们相信，“农民工代表流动性大的难题如何解决”、“农民工代表如何履行好职责”等，都将在实践中找到答案。

（原载 2008 年 3 月 5 日《工人日报》）

与劳动者同行

——写在《工人日报》创刊60周年之际

《工人日报》即将迎来创刊60周年的日子。

翻开这张与新中国同龄的报纸，一张张泛黄的版面上讲述的一个个劳动者的故事，有的渐渐淡出人们的记忆，更多的则融入无数人的生命底色，陪伴着他们与新中国一同成长的日日月月。那一篇篇报道所定格的岁月风尘，也许已物是人非，但有一种品格穿越时空，那就是，真情讴歌为国家强盛而奉献力量与激情的劳动者；有一种形象历久不衰，那就是，高扬“工人伟大，劳动光荣”，“尊重劳动，尊重知识”的旗帜，与劳动者一路同行。

60年来，《工人日报》忠实守护党和人民的利益，忠诚传播党和国家的路线、方针、政策以及工会的重大决策、举措，真实报道共和国发展进程以及工人阶级的丰功伟绩。它是党、政府和工会的重要喉舌，它是共和国新闻事业的重要舆论阵地。

从建国初期动员广大劳动者投身新中国建设，到十一届三中全会前后的拨乱反正，国企“破三铁”、承包责任制等改革，以及依法治国，落实科学发展观，全面建设小康社会，构建社会主义和谐社会……《工人日报》与亿万劳动者一同见证了一个个不平凡的年轮，见证了新中国告别贫弱、走向富强的时代变迁。这样的变迁微缩在每一个劳动者家常的柴米油盐之中，也停留在每一个劳动者的表情之上。

为了那一张张脸孔绽放出缤纷的笑容、阳光、自信与尊严，《工人日报》发挥了重要的舆论引导作用。

从率先刊登话剧《于无声处》剧本，到“重磅”刊出《胜利的鲜花献给您》一文；从“破冰”直击“渤海2号”钻井船翻沉事故的冒险蛮干，到直陈《事故沉思备忘录》、揭露“空车不空”；从关广梅租赁经营的“姓氏”之争，到“保卫科学，反对伪科学”的呐喊……60年来，《工人日报》站在时代前列，恪尽舆论监督之责，为劳动者代言，对逆历史潮流之事说“不”，向不正之风叫板，掀起一道道强烈的舆论冲击波，彰示着一代报人的胆识、韬略与荣光。

今天的年轻人也许难以理解半个世纪前，一个石油工人竟然跳进泥浆池，用身体当搅拌机去压制井喷，其“宁可少活二十年，拼命也要拿下大油田”的气概从何而来；可能无法想象一个掏粪工人身背粪桶出入城市的大街小巷，其“宁愿一人脏，换来万人洁”的信念何以产生……新中国建立之初，无数普通劳动者在一穷二白的国情下，以主人翁的责任感和奉献精神，共同筑起新中国经济起飞的奇迹。

这样的劳动者是新中国最宝贵的财富，这样的劳动者打动着每一颗善良之心，这样的劳动者召唤着《工人日报》记者一次次走进工厂矿山、边陲道班、山区校舍，走进每一个有劳动者身影的角落，倾听他们的人生故事，体味他们的苦辣酸甜。

发起爱国主义劳动竞赛倡议的“马恒昌小组”，“钢都老英雄”孟泰，掏粪工人时传祥，“走在时间前面的革新能手”王崇伦，创造“郝建秀工作法”的郝建秀，大庆“铁人”王进喜，埋头苦干的赵春娥，知识分子的杰出代表罗健夫，“当代雷锋”朱伯儒，身残志坚的张海迪，还有“抓斗大王”包起帆，“不辞羸弱卧残阳”的企业家马恩华，公交明星李素丽，“金牌工人”许振超，“时代先锋”窦铁成……

一个个劳模精英名动大江南北，如猎猎旌旗，升起在共和国精神

高原的巅峰，温暖人间，感召世人。《工人日报》就是这样以一曲曲劳动颂歌，为新中国的建设凝聚起强大的精神动力。

60 年来，《工人日报》与劳动者心手相连，心气相通，为他们的焦虑而不安不平，为他们的伤痛而心疼呼喊，为他们的成就而击掌喝彩。近年来，尤其关注和报道了边远贫困地区的劳动者，并连续多次荣获中国新闻奖一等奖，《工人日报》与劳动者同行的立场坚定如常，也因此赢得良好的社会口碑。

“工人伟大，劳动光荣”。劳动创造历史，劳动换来幸福。以劳动奉献社会，以劳动报效祖国，以前是、现在是、将来也必然是一个社会公认的美德——只要这样的社会视文明、进步如同空气、阳光一般。

当一次次曲折的采访、一桩桩复杂的纷争渐渐沉寂，有一种理念在华夏大地悄然生根、发芽，那就是对公平、正义、民主、法治的信仰，这是支撑一个现代文明国度的根基。

我们的笔下曾描写过无数劳动者的双手，或粗壮，或纤细，它们共同绘就出共和国今天欣欣向荣的图景。我们希望后继者能记住这一双双手，将这一双双手上大写的“劳动光荣”传递下去，一代一代。

60 年来，我们与劳动者一路同行，相依相拥，相知相伴；今天，我们依然不改本色，与劳动者携手同行；明天，我们将一如既往，无论前面是阳光灿烂还是风雨兼程，我们与劳动者的手将握得更紧、心会贴得更近……

（2009 年 7 月初）

那扇门那盏灯那条路，为所有人而开

比铺设无障碍通道更重要的，是一种观念和社会风尚的传播。借残奥会之机，全社会对残疾人的关照与理解能更加体贴入微、遍及更多层面及角落，并逐渐成为一种社会自觉，这是我们的期待，也将是残奥会留下的宝贵财富。

“推开一扇门，点燃一盏灯，照亮一条路，超越时空，去追寻更灿烂的梦……”这是北京2008年残奥会开幕式执行总导演张继刚所理解的开幕式以及残奥会本身。

对于残奥会，人们不仅关注运动员的赛场竞技，更关注残奥会本身——140多个国家和地区的4000多名运动员，聚集到残奥会赛场，一展坚强与不屈，这就足够了，这本身就令人叹为观止。

为筹办这届残奥会，在残奥场馆、残奥村及公共场所，从铺设的坡道，到降低的电梯按钮及商店柜台、加宽的出入门、专用卫生间等等，越是细节的周到，越让人意识到，原来残疾人平日竟面临如此多的不便——健全人伸手即按到的一个电梯按钮，都可能让残疾人“高不可及”；出行时，健全人抬腿迈上的公交车、地铁、出租车，那几十厘米的高度对靠轮椅出行的残疾人，就可能是一座无法逾越的“大山”。

就是这样的一个台阶、这几十厘米的高度，可能将他们阻隔在众人视线之外。除了偶尔的大型活动，我们很少看到大批残疾人出没于街头。而实际上，这一群体在我国有8000万之众，100个人中至少有6位是残疾人。

在残疾人就业等各项权益保障中，各级政府、各界人士不懈努力。除了城市大小街道的盲道随处可见外，手语新闻出现在一些城市电视媒体，北京还出现了志愿人士为盲人讲电影，等等。

残疾人需要关照，同时，更需要理解与尊重。因此，当我们以平视的目光看待残疾人时，整个社会都会从中受益，更多的人会更清醒地认识我们身处的社会及现实，认识保护少数人利益的重要。

残疾人是人群的少数，也是相对弱势者。如果我们忽略了他们的需求与权益，那么，我们同样可能忽视其他弱势人群，比如儿童、老人、孕妇等，或在某些事情上的少数人……这样下去，结局将难以想象，最后，所有人都可能沦为受害者。

因而，比铺设无障碍通道更重要的，是一种观念和社会风尚的传播。在追求公平的进程中，我们制定了诸多的法规制度，其中有不少指向保护少数人、弱势人群利益。如果离开了对少数人、弱势人群的保护，我们追求的文明的内涵只能是空洞的。实际上，为残疾人铺设的坡道、降低的按钮与洗手盆，以及洗手间的扶手等，同时也大大方便了健全的孩子和老人。核心的一点，所有的无障碍设施并不是社会的额外负担，而是社会运行的必要成本。就像一家子，孩子出生就要添置奶瓶、婴儿车等，是一个道理。

因此，借残奥会之机，全社会对残疾人的关照与理解能更加体贴入微、遍及更多层面及角落，并逐渐成为一种社会自觉，这是我们的期待，也将是残奥会留下的宝贵财富。

不得不承认，人类面对的现实世界总是不尽完整、不尽理想、不尽健全的。除了部分人身体的残疾，更有贫困、疾病、动乱等。正是在修复残缺、摆脱贫困、克服疾病、消除不公的努力中，我们一步步体验着生命与幸福的可贵。

“推开一扇门，点燃一盏灯，照亮一条路”，不仅仅为残疾人，也为所有人的幸福。

（原载 2008 年 9 月 9 日《工人日报》）

被养着与生存着是两回事

他们不希望被当成一件家具“永远摆在家里”，他们渴望融入社会，以自己的能力和劳动体验生存的快乐和尊严。

正在向公众征求意见的就业促进法草案规定：劳动者就业，不因民族、种族、性别、宗教信仰、年龄、身体残疾等因素而受歧视；用人单位招用人员以及职业介绍机构、人才交流服务机构从事职业中介活动，不得以民族、种族、性别、宗教信仰、年龄、身体残疾等因素歧视劳动者。不久前《残疾人就业条例》颁布，能不能借其东风缓解目前“相当严峻”的残疾人就业形势，《工人日报》2007 年 3 月 26 日的一则报道提示我们，问题的关键依然在于不少单位对残疾人就业权利的不以为然，因此，有待各级政府的强力推进。

长期以来，除了残奥会、世界残疾人日等特殊日子，很多人并不留意身边残疾人的生存状况。谈到就业，人们的注意力也几乎都在正常人身上。因此，残疾人就业似乎是个十分冷僻的话题。而实际情况是，在我国 8000 多万名残疾人中，2200 多万人已经就业，另有 800 多万人达到就业年龄且有劳动能力但无缘就业岗位，不少残疾人生活窘困。

“不要说残疾人，现在正常人还安排不过来”——这是不少单位不肯接受残疾人的借口，背后有一种普遍心态，即有残疾人在本单位工作会影响形象、影响效率。如果“有正常人还没工作，当然不要残疾人”的观念成立，我们是不是可以推导出：那些因贫穷而上不起学的孩子就应该别上学？那些没儿女养老的老人就应该“任其自然”？

显然，文明社会之所以要从法律、制度上给予残疾人、老人、孩子及贫弱者以特殊保护，就是因为他们面对与他人不同的竞争条件，但他们同样有着生存的尊严，社会不能忽视他们的生存劣势和基本权益。如果人类社会盛行的是弱肉强食的“丛林法则”，那么与原始森林中的动物王国毫无二致。

尤其是那些有劳动能力的残疾人不希望被当成一件家具“永远摆在家里”，他们渴望融入社会，以自己的能力和劳动体验生存的快乐和尊严。要知道，“被养着”与“生存着”是有本质差异的，前者是一种被动承受他人恩惠的生活；后者是以独立的生命个体成为有益于社会进步的一员，是主动的有成就的生命形态。前者对应的社会观念是残疾人离不开社会的关照，后者对应的社会观念是他们更需要作为生命个体的被尊重。各地越来越重视为残疾人出行提供无障碍通道，但有了通道是为了有人顺畅通行。残疾人更希望通行于社会，通行于正常的生命轨道之上，他们渴望体会正常人的付出与收获。

要让他们不再成为“永远摆在家里的一件家具”，社会应该承担其中的发展成本，比如，以法律规定强制各单位接受一定比例的残疾人就业，对残疾人就业免费提供职业指导、职业介绍和职业培训，对自主创业的残疾人给予减免收费等。

“解决残疾人就业是政府的责任，企业不是慈善机构”——这话说对了一半，促进残疾人就业确是政府的责任，但同时也是企业社会责任之一。“有残疾人影响形象”的模糊认识必须澄清，要倡导一种全新理念，有残疾人工作的单位不仅不是“形象不好”，而是勇于承

担社会责任、值得肯定的形象，要引导更多的正常人习惯于与残疾人一同工作，习以为常，而不是大惊小怪。

2007年5月1日开始施行的《残疾人就业条例》规定，用人单位安排残疾人就业比例不得低于本单位在职职工总数的1.5%。这无疑是对各单位能否承担社会责任的考验。同时，为防止一些单位宁愿交残疾人就业保障金也不接纳残疾人，各级政府更要积极作为。

（原载2007年3月28日《工人日报》）

用心灵去感知那别样的世界

记录下那些时常被湮没的、边缘的、微弱的声音，诸如残疾人、鳏寡孤独者、无家可归的流浪者，以及无论农村还是城镇的贫困人群，甚至包括对新环境无所适从的移民等种种弱势人群的声音，真实地传达他们的利益诉求。

“每周日中午15分钟的电视手语新闻，其实我们聋哑人对里面的大部分内容都看不懂。”2004年10月18日的《新闻晚报》报道说，上海的聋哑人看不懂当地电视台的手语新闻——很可能，这一结果出乎许多人尤其是节目制作者意料之外。

记者从一位接受调查的聋哑人那里了解到，问题主要在于，电视中的手语和聋哑人平常交流用的手语不太一样，加上速度太快，令聋哑人难以理解。上海聋哑人协会主席陈捷对比了日本的情况，“在日本，每当有配手语的节目播放时，往往把手语画面作为主要画面，声音仅仅是配音，但我们这里正好相反，手语画面被缩在一个角落里，由于画面太小，聋哑人看不清手语，更看不清打手语者的面部表情，对聋哑人来说模糊了这两个最重要的获取信息的途径，当然看不懂电视在放什么。”

为聋哑人推出手语新闻，这一做法本身就体现了某种关怀，而当

地报纸又跟进追踪手语电视新闻的社会效果，应该说，这样的媒体及记者保持着对聋哑群体生活状态的较高敏感，难能可贵。可以设想，如果我们的记者漠视身旁聋哑人的一举一动，不肯与他们打交道，那么，是写不出“聋哑人看不懂手语新闻”这类报道的。

所谓媒体的良知、道义、责任，其实就是从倾听开始，尤其是倾听某些被我们日常忽略了的人群的声音。把我们的目光、把我们的话筒对准他们，记录下那些时常被湮没的、边缘的、微弱的声音，诸如残疾人、鳏寡孤独者、无家可归的流浪者，以及无论农村还是城镇的贫困人群，甚至包括对新环境无所适从的移民等种种弱势人群的声音，及时地、真实地传达他们的利益诉求，这也是媒体理应承担的社会责任。在我们习惯的“广大群众”、“百姓”、“人们”之类的用语中，应该包容这些群体的声音，而不是将他们排除在外。

《新闻晚报》记者在采访中发现，那些学过标准手语的聋哑人，在实际运用中，很少使用标准手语，而是习惯用当地的“方言”手语。而电视台的手语新闻可能更多顾及手语翻译的标准化，过于注重把所有的字、句，包括一些无关紧要的形容词、虚词全部翻译出来，不够简练、精确、易懂，反而妨碍了聋哑人对新闻的理解。由此，我们是不是有必要反思：无论是关注无声世界，还是其他所有弱势人群的利益诉求，我们的媒体在迈出了可贵的第一步后，还需要进一步考虑如何让形式与效果协调一致，让良好的初衷开花结果。

正如成年人要了解孩子的内心世界，应该先蹲下身子，平视孩子的目光，用他们的视角去观察世界，同样道理，我们要倾听弱势群体的声音，也必须首先拉近心与心的距离，学会站在他们的立场去体察人世冷暖，用心灵去品味他们心中的喜怒哀乐、悲欢离合，感知他们那别样世界的春华秋实，潮起潮落。

对少数人群利益诉求的关注，绝不是一个文明社会心血来潮的点缀，或矫情似的作秀。因为，我们谁也不能保障自己在所有场合、所有问题上总是处于多数人群之列。比如，今天，在该不该开征遗产税问题上，也许你属于压倒多数的人群；明天，在新建社区内要不要建公办小学的问题上，你很可能会落入微不足道的少数群体之列。说到底，一个同时注意倾听少数人声音的社会、一个同时尊重少数人群利益的社会，才可能保持理智、宽容、和谐、弹性与生机。

（原载 2004 年 10 月 20 日《工人日报》）

第三篇　大地之痛

地震、瘟疫、矿难、有毒食品等，挟着阴风，披着邪恶的黑斗篷，降临人世……我们应对的武器，有良知，有责任，有相助，也有无奈、自责和悲伤。

更多的时候，那些伤痛需要沉寂

一个“疼”字，道尽多少人间沧桑。被淡忘的日子，它本应被记忆；而被突然提起，却每每在不忍回首之时。

冯小刚导演的电影《唐山大地震》正在影院热映，海报上、媒体上不时见到“震撼”二字的推介，但也有人说它不过是“灾难叙事下的泡沫情感”。无论如何，电影让不少人的思绪回到34年前那个黑色的日子——“7·28”，唐山大地震。

“地震不管多么惨烈，只要给予一定的时间，房子是可以重盖的，家园是可以重建的，但是孩子们被突兀地剥夺了的童年，以及心灵的重创是不是也能像地貌一样很快修复?”电影《唐山大地震》原著小说《余震》作者张翎这样解释小说的创作角度。她说，不同于电影所表述的一个“暖”字，贯穿小说的是一个“疼”字。

一个“疼”字，道尽多少人间沧桑。

这是多年前两位全国政协委员的对话，一位是唐山大地震的幸存者，一位是著名电影演员白杨。前者说：您演的电影《祝福》中的祥林嫂，儿子阿毛死后，见到与阿毛同龄的人，总唠叨“我们阿毛活着的话，也这么大了”，很逼真，我大女儿唐山地震去世，她妈妈就是那个样子。白杨很感慨：请转告你妻子，白杨问她好。

这是2010年清明节前，“5·12”汶川大地震中痛失爱子的北川一位镇长，敦实的中年汉子，对北京来的几位记者半开玩笑：“我以后要多生几个孩子，放在不同的地方养着，这样，再有多大的地震我也不怕。”在场的记者均愕然。

一个“疼”，亲历者与旁观者的感受肯定不同。小说《唐山大地震》与电影同时问世，作者是两名唐山人；还有之前同名报告文学，作者是当年亲历震后救灾的学者钱钢。在不同的艺术表达中，导演、作家和学者都在追寻各自的历史重现，展示多元的人性底色。一百个人眼里会有一百个哈姆雷特。但所有艺术的再现，均不可能重现完全真实的历史。即使亲历者的感受与记忆，也可能在时光的流逝中悄然变异。

34年前，那是充满斗争味道的时代，人是比较粗糙的（钱钢语），谈到死亡是平静的。这与两年前的汶川大地震，有很大不同。今天的唐山人回忆起“7·28”，会不会叠加进两年前“5·12”的成分？我不敢肯定，但有一点，面对同样的事件，当年懵懂的当事人，在经历了更多人世沧桑后，应该会拥有不同的心境与感悟。

张翎创作《余震》的2006年，很多人还不知道“心理干预”这个概念，她说她也找不到止痛药，“当一个人突然一夜之间遭受全家覆灭的悲剧，关于亲人朋友的记忆被灾难瞬间截断，他是不是真的能从那样的苦难中很快恢复。”两年后，汶川大地震后，事情有了变化，灾后心理辅导被提出。

今天，在北川的一些校园、社区中，中科院心理所的研究人员看着一个个心理救助组织及志愿者相继离去，而他们依然在坚守，只为了一个“止疼”。尽管在灾后重建的宏大工程中，他们的身影一直显得那么孤寂，但我还是相信，或者说我希望，那些震后孤儿长大后，应该不会忘记这些给予他们专业心理救助的叔叔阿姨，他们的轻声细语可能多少会让他们的“疼”缓解一些。而谁也不敢断言，那“疼”能彻底消失。

透过眼前的小说、报告文学、电影，重温记忆中的碎片，亲历唐山大地震的人会不会缓解心中那“疼”？我不得而知。“本书所记录的历史事实，时而被人淡忘，时而又被突然提起。被淡忘的日子，它本应被记忆；而被突然提起，却每每在不忍回首之时。”钱钢在他书中的序言中说。

那些特殊的事件，有时需要被唤起，更多的时候，它们需要沉寂……

（原载2010年7月28日《工人日报》）

“以人为本”的分量有多重

以人为本，以民为本，以公民的生命为本，这是一个国家之所以存在的最朴素、最基本的理由。

“5·12”汶川大地震，一场对中国人的世纪大考、生命大考。“以人为本”四个字，字字千钧。

以人为本，生命至上。震后20分钟，新华社消息发出，媒体每天公布一次伤亡失踪人数。对重大灾难给予第一时间强烈关注，对灾难中公民的伤亡状况给予头等重要的关注，别无理由，即生命为先，生命至上，这是一个最朴素的人道主义原则。

为此，我们走过了一段曲折的认识之路。1970年1月5日，云南通海县发生了7.7级地震，一直鲜为人知，直到2000年，当地举行大地震30周年公祭，才首次正式公布死亡15621人，伤残32431人——1万多人就这么悄无声息地离开了人世，对其亲人来说是一种怎样的伤痛？1976年7月28日，唐山发生7.8级地震，7月29日《人民日报》400字的消息中，只一句“震中地区遭到不同程度的损失”提及地震损失。4个月后的11月22日，“总共死亡24.2万多人，重伤16.4万人”的消息才发布。每一个死亡失踪者的数字后面，都是一个鲜活的生命，都连着一个家庭的幸福美满。我们暂时无法抵御震灾，但对震灾亡灵的态度，检验着一个国家对其普通公民生命的珍视，标刻着文明的进步。

以人为本，大灾发生，集结各方支援力量，中国以前所未有的开放、迅捷的报道，让全世界知道了中国四川正在遭受着怎样的打击，中国人民正在与8级地震作着怎样顽强的抗争。电视、网络、报纸、广播，各家媒体迅速派出重兵，镜头对准能进入的灾区各个城市、乡镇和村庄——房倒屋塌的场景让人们震惊；幸存者与罹难亲人的生死离别让我们泪流满面；国家领导人急赴灾区的焦急表情传递出救灾十万火急的信号；即使过了“72小时黄金救援期”，生死救援依然在争分夺秒的场面，让我们激动不已。

以人为本，“抢救人的生命是第一位的”，“只要有一线的希望，我们就要付出百倍的努力”，“举全国之力”，“全力以赴”，这些不再是通常的工作布置，而是生命对生命的召唤。镇定的指挥，全力以赴的救援，赢得了民心，甚至让国外媒体也不吝赞叹之词。

以人为本，我们被这样的画面震撼而泪流不止——那个在雨中哭得撕心裂肺的母亲；那只从废墟中露出的小手，紧紧地握着一支笔，再不会张开；那几排小书包，带着废墟中的泥土，甚至带着小主人的体温，安静地排着队，可它们中的大部分已永远等不回小主人领它们回家；那个将儿子冰冷的尸体绑在身后的父亲，准备将儿子背出深山，背出埋藏了一家人幸福的已成废墟的家；那些在全国哀悼日的第一天，抱着孩子的遗像，站在孩子几天前还玩耍嬉闹的校园，默默为孩子送行的父母；还有66岁的一国总理，5月22日，再回北川，站在县城外的一块高地，神情凝重地回望这座已成废墟的县城……

以人为本，我们为所有的罹难者默默祈祷，为所有失去亲人的幸存者默默祈祷，即使我们素不相识。2008年5月19日至21日，共和国首次为自然灾害中遇难的普通公民降半旗、鸣笛。以往热闹的影院、

酒吧、KTV等娱乐场所，纷纷歇业。各家报纸均以黑白色素装展示媒体及公众的哀悼表情。通版的两个字“国殇”，一片黑色中一支黄色的菊花，让一切语言显得苍白无力……举国志哀，让逝者安息，让生者坚强，这是一个珍视生命、视人民利益高于一切的国家对自己的公民最痛切的志哀仪式。

以人为本，我们记住了两位哺乳中的母亲雕像：一位是无名的妈妈，临死时还在给怀中三四个月大的孩子喂奶；一位是女警察蒋晓娟，将自己半岁的孩子交给父母，解开衣襟，为灾区新生婴儿哺乳。从动物到人类，母爱似乎天经地义，为种族的延续，这种爱的付出可能缘于本能，但也远远超于本能，这种爱的付出可以感天动地，而我们都曾享受这种爱的荫泽。因此，我们也能体会这样一位母亲的幸福——“我特别幸福”，这是从贵州赶到都江堰，奇迹般地见到被埋了123个小时的儿子蒋雨航被救出，作为母亲的龙金玉说的一句话。这是母子劫后重逢的幸福，更是对生命奇迹的赞叹。

以人为本，我们屡屡被孩子的坚强击中内心最柔软的地方——那个被救出后向解放军叔叔敬礼的3岁“敬礼男孩”郎铮；那个对医生说“谢谢阿姨，你快出去吧，这里危险”的15岁的秦静文；那个“别管我，先救下面的同学”的12岁小姑娘李月……即使在生死关头，孩子们依然分寸不乱，依然记得感恩，依然想着他人，依然不忘先人后己！多么可爱而坚强的孩子！当我们日常屡屡对孩子这样那样的毛病抱怨不休时，当我们不时为娇生惯养的孩子能否担起大业而忧心忡忡时，这些品质纯良、深明大义的孩子给了我们太多的感动和欣慰，我们甚至会下意识地对照自己：真的遇到生死考验之时，我们会不会像孩子一样？

以人为本，我们向生命致敬，向所有用双臂、用脊背护住孩子而自己永远倒下的父亲母亲和老师们，致以诚挚的敬意！他们以自己的血肉之躯，换回稚嫩生命的延续，抒写了非战争年代动人心魄的生命之歌；还有那15位空降勇士，在无地面标识、无地面指挥引导、无气象资料条件下，从4999米高空空降茂县。他们也是血肉之躯，也是父母膝下的娇儿，可此时此刻，他们只是军人，他们以生命诠释了军人的崇高职责。

以人为本，“今天，我们都是汶川人！”与灾区百姓守望相助的博爱之潮涌动大江南北，甚至异域他乡。来自四面八方的捐助款物迅速集结灾区。十几万志愿者出现在灾区一线，成为救灾现场的一道动人彩虹。各路网友传递救灾信息，召集、运送睡袋、帐篷，演绎出一场虚拟与现实世界的爱心接力……以生命的名义，我们心手相连。在惨烈的灾害打击下，在钢筋水泥的重压下，人的生命显得那般脆弱。但千百年来，在灾害中顽强生存，我们生生不息。血浓于水的同胞真情，一方有难、八方支援的守望相助，彰显人性的高贵。

以人为本，我们该做的、能做的远不止这些。我们必须对这场特大地震有所反思。

以人为本，我们必须总结还有哪些课应该快些补上——防震意识及防震演练，防震建筑标准，巨灾保险，等等。

因为，以人为本，以民为本，以公民的生命为本，这是一个国家之所以存在的最朴素、最基本的理由。

（原载2008年6月13日《工人日报》）

感恩之外也是为了一种寻找

今天，每多抬一名伤员，每多捐出一元钱，就是在给自己多一分安慰。这更是为了寻找一种感觉，一种被人需要的感觉，一种跟自己的亲人在一起的感觉。

我为我的唐山老乡自豪。

汶川大地震后，救灾者队伍中，唐山人的身影引人注目——有年初雨雪冰冻灾害中即自愿前往救灾的“唐山壮士”农民宋志永，有一人援建两所学校的企业家皇甫志友，有迄今国内民间个人捐款数额最大的张祥青，有将放弃蜜月旅游而省下的1万元捐给灾区的新婚夫妇，还有诸多不知名的志愿者忙碌在救灾一线。（见2008年6月10日《人民日报》）

无论是亲历1976年唐山大地震的，还是震后出生的年轻人，这些唐山人的表现，报章归之于“感恩”、“博爱”。

说的没错，又不完全。仅仅是感恩吗？

看着电视画面上那一片片废墟，看着那位几乎疯了的丧子的母亲，太熟悉了，这么多年最不愿意看到却一直忘不掉的场景，一一重现。什么叫感同身受？亲历大地震的唐山人心里最清楚。

32年前，唐山人经受那场浩劫时，没留下多少图像资料；32年后，那废墟上的一幕幕，手扒锹挖的营救，还有解放军在分发食品、转运伤员、用塑料布搭起窝棚……似乎都是在重演着当年的我们自己。远在千里之外，似乎就能闻到废墟上尘土飞扬的味道。今天的救援，实际上是唐山人的一次自我疗伤，尽管已是32年前的伤痛，但它结在那里，消不掉，融在岁岁年年的日子里。

唐山人会告诉你，若干年后，某个汶川地震孤儿走过麦当劳餐厅，不经意瞥见一位母亲在给吃汉堡包吃得满脸奶油的儿子擦脸，心里兴许会闪过"如果我妈妈在，我也……"若干年后，在街头见到一位与汶川地震中逝去女儿同龄的女孩子，一位母亲会发呆"如果我的女儿在，也这么大了……"

正因为唐山人对这种痛再熟悉不过，所以才会义无反顾地向汶川震区百姓伸出援手。

此时此刻，救人也是救己。所有为这次抗震救灾尽一己之力的唐山人，实际上是在自我救赎。在唐山人心里，那救助的，就是自己当年的亲人。如果说当年我们有太多的遗憾，有太多想做而无力做到的，那么，这一次，可以补救。今天，每多抬一名伤员，每多捐出一元钱，就是在给自己多一分安慰。这更是为了寻找一种感觉，一种被人需要的感觉，一种跟自己的亲人在一起的感觉——而这，是最好的疗伤药。

不止出于感恩，也为了自我救赎，为了更清晰地掂出生命的沉重，为了验证那句话：活着，真好！

（原载2008年6月12日《工人日报》）

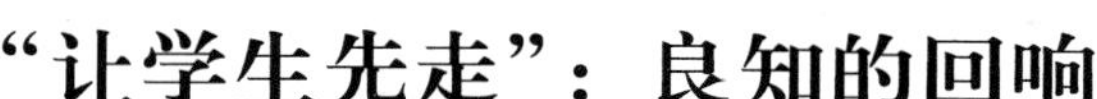

“让学生先走”：良知的回响

天摇地动之时，剩下的只有生存本能以及心中的良知。从“让领导先走”到“让学生先走”，依稀显示人性的本能与超越本能的分野。

记者从抗震救灾一线发回的报道中，不止一次提到地震发生的瞬间，有人喊出了一句话，“党员干部留下，让学生先走”——生死抉择间，这是苍穹之下，一种良知在回响。

这是“5·12”汶川地震时，北川县长经大忠喊出的一句话。当时，北川县委礼堂内一个有六七百人参加的会议正在举行。可会议室只有两扇小门，如果都往外挤，后果不堪设想。经大忠在学生撤出后，才带着其他干部跑出快要倒塌的会议室。

同样的集会场合，同样的生死关头，14 年前的新疆克拉玛依大火，我们听到的却是一句令人怒从心中起的“让领导先走”，280 多名花朵般的孩子葬身火海。

谁该先走？是生还是死？这是一个问题。

如果船体即将沉没，只有抢到救生衣的人才可能生还，那么孩子是抢不过大人的；如果从火海逃生，只有很少的出口，孩子是抢不过大人的；如果地震发生，几秒钟的疏散时间，孩子也是抢不过大人的……他们稚嫩的身体抵不住凶猛的灾害，也抵不住身强力壮的同类的

挤压。

结果呢？我们所有扶老携幼、济弱扶危的说教，都顿然化作无形；我们所有标榜的文明、进步以及人性的高贵等等，统统被我们自己丢到脚下。我不知道，此时此刻，在自诩为高等动物的脸上，除了弱肉强食的狰狞之外，还会留下什么？

“儿童因身心尚未成熟，在其出生以前和以后均需要特殊的保护和照料，包括法律上的适当保护”——这是84年前《日内瓦儿童权利宣言》中的话。天摇地动之时，法律的力量不在现场，剩下的只有生存本能，以及心中的良知。

“让孩子先走”的喊声并不仅在地震发生那一刻的北川县委礼堂响起，它还在救援现场的诸多角落响起——那些在余震中，钻进随时可能坍塌的危楼，争分夺秒抢救孩子的救援者，他们也在无声地喊着“让孩子先走”；那些背着、抱着孩子，在滚石、山体滑坡中穿行、向安全地带转移的军人，也在用脊背和胸膛无声地喊着“让孩子先走”。

“让孩子先走”也应在平安岁月时时响起，那就是凡事“先想想孩子”——想想他们的奶粉有没有问题？会不会吃出大头娃娃？他们该上学了，会不会有家里穷而徘徊在校园外的孩子？他们的校舍会不会漏雨、是不是经得住震动？他们所接触到的图书、影视作品等，有没有“少儿不宜”……

从1994年到2008年，从“让领导先走”到“让学生先走”。只要这句“让学生先走”能成为我们所有幸存者心中的道德律，那么，这14年的岁月即见证了一个民族从灾难中的成长。

（原载2008年6月5日《工人日报》）

今天，她们身上只有坚强

灾难，让她们将平日敏感、多少还有些脆弱的心灵坚硬、粗粝起来。

昨天，她们可能还在跟孩子玩着捉迷藏，可能还在丈夫面前撒娇，可能还会被一只老鼠吓得惊叫，可能还在为挑选穿哪件衣服上班而左思右想……今天，她们全都以共同的身份站在我们面前——战士，抗震救灾中的战士。

救援的医护人员中，尽管被手术服、口罩遮挡着，但一双双美丽的眼睛告诉我们，那是她们在。一位名叫王丽的妇产科医生，余震不断的6天里，接生了36个宝宝。

身着迷彩服的军人当中，“男兵能上，我们也能上”的急切声也告诉我们，那是她们在。

在来自全国各地的志愿者中，抬担架，搬物资，疏导交通，分发食品，安抚群众，被汗水浸湿的长发告诉我们，那是她们在。

镜头前，手持话筒，女记者们顾不得撩起零乱的头发，清晰、流利的表达把救灾前线的最新消息传给观众。

还有一位女警察蒋晓娟，将自己半岁的孩子交给父母，解开衣襟，为灾区新生婴儿哺乳……

与男人相比，在抗震救灾一线，她们要忍受更多的不便，克服更多的麻烦。但在救灾最艰苦的一线，她们没有走开。她们不再是被人关照的“依人小鸟”，她们个个是冲锋在前的战士。

她们当中有的已做了母亲，最能理解母亲对儿女之情。因此，她们不能让震灾中离去的母亲失望——都江堰，那位临死还在给怀中三四个月孩子喂奶的妈妈；汶川，那个临死前，将手腕静脉中的血滴向婴儿嘴中的妈妈；都江堰，那个膝手着地、躬身护住婴儿的妈妈，还留下短信遗言“亲爱的宝贝，如果你活着，一定要记住，我爱你”……

灾难，让一个民族在坚强中迅速成长。灾难，让她们将平日敏感、多少还有些脆弱的心灵坚硬、粗粝起来。

“顶天立地”、“有泪不轻弹”、“坚如磐石”的字眼，通常与她们无缘。但此时此刻，已然没有了女人和男人的分别。这一刻，只有人和人的并肩而立，人和人的相互支撑。

为了更多的兄弟姐妹能在平安的日子尽享阳光，她们把所有的柔弱抛在身后。

今天，她们身上只有坚强。

（原载 2008 年 5 月 23 日《工人日报》）

真想握一握你的手

天堂的亲人在遥望着我们，他们希望我们能好好活下去，坚强地活下去——别让他们失望……

流在脸上的泪是苦涩的，但那是外人看得到的；流在心里的泪有多苦涩，只有他们自己品得出。

4 万多地震罹难者留下的是数万个家庭的残缺，是数万痛失亲人者的泪雨滂沱。幸存者中更有为了救别人而耽误了救亲人，他们承受着巨大悲痛却依然坚守岗位，为了更多的人能与亲人团聚，为了更多的人能少一份悲伤。

那痛失爱子等 15 位亲人的北川县民政局局长王洪发，抢救他人、分发物资，5 天里只睡了 7 个小时，“我想伤心，能给我时间吗?”；那护送 71 个孩子攀爬几十公里山路逃出重灾区、而顾不上去救自己家人的 9 位老师；那痛失母亲和女儿等亲人、却连续几昼夜救人终于晕倒在岗位上的女警察蒋敏；那明明看到被压在废墟中的女儿，却因救更容易救出的人而耽误了时间、最终痛失爱女的东方汽轮机厂的胥怀君；还有明明听到儿子在呼救“爸爸，我在这儿，救救我”，却也是为了先挖更容易挖出的孩子、最后只能与爱子阴阳两隔的民警李国林……太多太多的名字无法一一列举。

所有的眼泪本应尽情地流淌，可你强忍着泪水。你同样为人父母、子女，但同时你还是教师，是警察，是军人，是医生护士，是党员干部，你们有共同的一个身份——心中装着大爱的大写的人。

我们感知最悲痛的你，我们敬重最坚强的你。

真想握一握你的手，轻轻地告诉你，当夜深人静的时候，当所有的人群都散去的时候，当手头的事可以暂时放一放的时候，找个地方，痛痛快快地大哭一场吧，这是你的权利。你对得起所有的生灵，你的所作所为，让天地动容，让生命的尊严冉冉升起。

真想握一握你的手，轻轻地告诉你，血总是热的。一双双非亲非故的手臂连在一起，传递的是人世间涓涓不断的温暖与真情。不止亲人需要你，更多的人需要你，需要你的力量。在救死扶伤的手术台前，在救援抢险、保一方平安的治安岗位，在教书育人的三尺讲台，你不可或缺，你弥足珍贵。没有你，我们的社会会失去支撑。

真想握一握你的手，轻轻地告诉你，我们需要你的坚强。这是泪水打不倒的坚强，是痛苦击不垮的坚强。生命因你的坚强而深沉，因你的坚强而灿烂。没有什么可以让我们失去家园，没有什么可以让我们失去生命的高贵。

天堂的亲人在遥望着我们，他们希望我们能好好活下去，坚强地活下去——别让他们失望……

（原载 2008 年 5 月 21 日《工人日报》）

举国志哀：祭奠罹难者最隆重的仪式

没有什么比一个国家对自己公民生命的珍视更顺应天道民心。举国志哀，这是一个珍视生命、视人民利益高于一切的国家对自己的公民最痛切的志哀仪式。

昨天（2008 年 5 月 19 日）、今天、明天，全国哀悼日，我们为四川大地震中罹难的亲人送行。

这是举国皆哀、草木同悲的日子。

让我们以 3 分钟的默哀，以半降的国旗，以鸣响的笛声，为我们那离去的兄弟姐妹，为我们那再不能相见的父老乡亲送行——天堂之路，一路走好！天堂之上，将没有地动山摇，没有房倒屋塌，也没有窒息与黑暗……

没有什么比生命更为宝贵，没有什么比一个国家对自己公民生命的珍视更顺应天道民心。举国志哀，这是一个珍视生命、视人民利益高于一切的国家对自己的公民最痛切的志哀仪式。这是新中国成立以来，首次就严重自然灾害而设立的全国性哀悼活动，也是首次从制度上为灾害死难同胞降半旗志哀。

原本鲜活的 3 万多儿女转瞬间永远闭上了双眼，这让一位母亲如何承受彻骨的离别之痛？连日来，太多的悲伤、太多的泪水，让一个民族的脸上失去了所有的笑容。持续不断的零星志哀活动，全国哀悼日给四川灾民、给亿万中国人搭建起一个纪念罹难者的最隆重平台。

举国志哀，这是一个母亲告慰劫后余生的儿女最真切的抚慰表达。我们绝不能被悲伤打垮。几百万灾民亟待安置，防余震、防疫情等次生灾害，还有家园重建，每一件事都等着我们全力以赴。在哀悼日，我们不必强忍着泪水，如果它们能冲淡我们心中的悲伤，就让眼泪尽情地流淌，因为它们此时不代表怯懦。当泪水洒尽，让我们相约，携手前行，重建家园——为了告慰亡灵，为了还未成年的孩子，为了明天依旧会高高升起的太阳，为了获救女孩那句话，“今晚的月亮真美”……

举国志哀，这是特殊时期凝聚民族情感的隆重仪式。多难兴邦。960万平方公里的华夏大地，灾难的阴影驱之不去。但灾难从来没有让我们畏缩。战胜天灾，从灾难中奋起，中华民族的精神长城在所有的天灾面前昂然屹立。

（原载2008年5月20日《工人日报》）

脆弱的生活与珍贵的生命

阻止流行病的蔓延，“早发现，早报告，早隔离，早诊断，早治疗”，环环相扣。在最短的时间内，以最小的成本击溃这场流行病的侵袭，是我们共同的目标和责任。

“狼”终于来了——自2009年5月11日首例输入性甲型 H_1N_1 流感病例在我国内地确诊后，第二个确诊病例也已出现。谁也不知道接下来还会发生什么，不知道下一个危险源在哪个路口等着我们。

从非典到禽流感，再到眼下的甲型 H_1N_1 流感，不少人感慨：怎么莫明其妙的流行病越来越多？为什么科技越来越发达，而我们的生活似乎越来越脆弱？一场接一场的流行病何以给我们带来接连不断的麻烦？

有人推测，这与一些地方的环境恶化及污染有关，而这一观点尚未得到充分的科学论证。而可以肯定的因素，首先，医学技术在不断提高，长时间未被人类认识的病毒一一“现出原形”。由此可以推断的是，之前，这些病毒很可能在世界的某些角落“潜伏”，甚至伤及了部分人群，但人们不知道它，不认识它。典型的例子，1918～1919年横扫世界的大流感，夺走了约5000万人的性命。直到多年后，科学家才确认其祸首为一种禽流感病毒。

其二，在经济全球化进程中，跨境跨地区人员流动日益频繁，现代化的海陆空交通运输工具也给流行病毒的传播与蔓延提供了便利。于是，以前可能仅仅危及个别地方少数人群的病，“有条件有机会”肆虐全球。

与其说是有人感觉“生活变得越来越脆弱”，不如说是科技的进步、医学的发达使我们如同拿着一把放大镜，看到了周围以前未看清的病毒。而无论是从人类目前的寿命来说，还是从全球人口数量而言，科技的进步无疑使我们拥有越来越强的战胜疾病的信心与力量。换句话说，并非我们的生活越来越脆弱，而是我们越来越珍重生命。

当务之急，抵御甲型 H_1N_1 流感，各方的责任“一个都不能少”。

先说政府。流行病防疫预案的迅速启动，疫苗与抗病毒药物的研制与储备，都是十万火急。基层防疫机构人员及设施的完善，公共场所卫生状况的改善，针对全民的日常防病保健知识的普及等，也是马虎不得。不久前，手足口病在我国一些地方出现，暴露出某些地方基层公共卫生和基层疾控工作的漏洞和体制困境，“缺经费、缺人才”，这样的教训必须吸取。当然，与世界卫生组织及他国的协作与配合也十分重要。

再说公民个体。相比防疫部门的严阵以待，街头巷尾人们谈论疫情时的口吻相对轻松。但不恐慌不等于可以漫不经心。尽管专家告诉我们，这一流感目前的病死率远低于非典及禽流感，但抵御流行病的肆虐，必须全民总动员，公民的责任意识被逼到了前台。具体来说，当疫情不期而至时，如一旦发觉身体异常，应及时联系就医，不可抱有侥幸心态，不可刻意隐瞒病情，不应随意外出，而应理解、支持并配合有关部门的隔离措施。如果知道自己可能与疫病患者密切接触，则应及时与相关部门联系，积极主动接受必要的医学隔离观察，尽可能减少与避免将疫病扩散的机会与可能，既保护自己，也保护大家。

还有媒体的责任。及时公开报道疫情信息，这一点通常没有问题，但也并不尽如人意。比如被确诊患者的治疗、治愈情况如何，公众很想知道，而媒体的报道寥寥无几。再有一个报道分寸的问题，不能刻意渲染疫情，不可夸大其词，而应严守实事求是、客观公正的报道立场与职业道德。

阻止流行病的蔓延，“早发现，早报告，早隔离，早诊断，早治疗”，环环相扣。政府各职能部门的努力与尽责经受住了考验，得到公众认可，后面的任务可能更为繁重；同时，公民的积极配合也绝不可缺位。在最短的时间内，以最小的成本击溃这场流行病的侵袭，是我们共同的目标和责任。

（原载 2009 年 5 月 15 日《工人日报》）

“坏事变好事”是危险的自慰

只有具备承受苦难的力量和勇气，才有可能超越苦难，真正从苦难中成长，吃一堑长一智，脱胎换骨。动不动就是“坏事变好事”，骨子里是对灾难、对责任的一种逃避，想“大事化小，小事化了”，是变相的自我麻醉、自欺欺人。

“非典”是一场瘟疫、一场灾难。面对灾难，有人开始反思如何让“坏事变好事”，列举“非典”的诸般“好处”，如激励国民的精诚团结，强化对民众生命的珍视，推进政府信息公开制度以及官员的尽职尽责，唤醒公民的个人卫生意识，以及将促进国家公共卫生防疫体系的建设，等等。

这种似乎很讨巧的“辩证法”，多有庸俗的成分，甚至隐患极大。我承认，以上的“好处”并非虚妄之语，但是我们不能忘记，这些是我们在与这场瘟疫做殊死搏斗时的本能的应急反应，是别无选择、万般无奈，是承受了惨重代价的。我们现在需要的不是以总结“好处”而有意无意地淡化这场灾难的惨重，我们需要的是刻骨铭心、真真切切地记住这空前的灾难，从灵魂深处、从最深切的层次直面灾难，忍着所有的创痛承认“灾难就是灾难”，承认为了承受灾难，我们所付出的代价是惨重的。这代价方方面面，有物质的，有精神的，有可以

统计出数字的，有无形的，有眼下看得见的，也有留待未来评估的。它包括因“非典”而消失的生灵及其亲人的痛苦、家庭的残缺，包括国民经济的受挫与停滞，包括民众正常生活秩序被打乱以及民众的心理损伤，这种记忆甚至将埋藏在他们终生的记忆深处。总之，这一切都必须清清楚楚、原原本本、不遮不掩地展示给公众以至留给后人，而不能留一丝矫情与掩饰。

所谓直面灾难的勇气，绝不只是灾难来临时的恐惧与否，而是不逃避灾难，正视灾难，具有承受苦难的毅力与胸襟，勇于自责和忏悔，痛改前非。只有具备承受苦难的力量和勇气，才有可能超越苦难，真正从苦难中成长，吃一堑长一智，脱胎换骨。动不动就是“坏事变好事”，骨子里是对灾难、对责任的一种逃避，想“大事化小、小事化了”，是变相的自我麻醉、自欺欺人。

如果我们缺少直面灾难的勇气，那么，所有的反思都可能是肤浅的，都难以刻骨铭心，也难以警示持久，用不了多久，难免会好了伤疤忘了痛。这种化解灾难的方式是可悲的，于人类文明也是难有补益的。因而，还是先别忙着舔舐伤口，先要真真切切地记住这鲜血淋漓的创伤及其所有的痛苦，多一些反省。反省是一种勇气，是一种精神追寻，是为了以后不再重蹈覆辙。

在医学上，疼痛可以保护身体免受伤害，一个人如果缺少疼痛所提供的自我保护本能，将感觉不到自己的手和脚是自己的，这种疼痛信号的消失，会使人体极易受到伤害。因而，“疼痛以非凡的方式日日保护着每一个健康的人”，我们实在应该珍视这种疼痛的本能，应该对疼痛怀抱一种敬畏和感激。我们必须时刻倾听来自我们身体的各种或隐或显的微妙的疼痛信号。医学测验揭示出，在不同文化历史背景和社会自然环境中成长起来的人，对疼痛的感应是不同的。

譬如，犹太人和意大利人对疼痛反应较快，比北欧人牢骚更大；

爱尔兰人则有较强的疼痛忍耐力，爱斯基摩人是最能忍受疼痛的。可见，不但意识在很大程度上决定着我们怎样感知疼痛，而且能够减缓和压制疼痛的信息。因而，只有学会倾听疼痛，才能控制和消除疼痛；只有通过学习和掌握疼痛，才能避免被疼痛所主宰与支配。

如果说肉体的疼痛感是任何一个健康的人的正常生理反应，那么，心灵的疼痛感则是人类的正常心理反应。可以想见，一个对于任何形式的精神伤害都麻木、迟钝、冷漠的人，其心理、精神会是健康、正常和有人性的吗？因此，奥古斯丁说：“事前忧患愈重，则所得快乐也愈大”。

具体到我们这个民族，忏悔意识、批判意识，似乎总是很陌生的东西。回首“文革”那样一场践踏人类文明的浩劫，应不应该忏悔？大而言之，没人反对，但一旦落实到具体的某个群体或某个人，则立时遭到激烈反对——“在那个环境里有什么办法？”“那是一个时代的悲剧”，诸如此类，都可以成为极好的遁词。

在《苦难与风流——老三届的道路》一书中，一位上海联合服务公司的知青以严肃的解剖态度回忆：一些人喋喋不休的所谓红卫兵的理想主义，其实一开始就未必存在过。如“文革”初期红卫兵可能出于阶级义愤而冲杀，但到了中后期，红卫兵就深陷在帮派的斗争之中，口里说的是保卫毛主席，行动却是维护山头的利益和个人得失。于是，投机钻营者有之，趋炎附势者有之，卖身投靠者有之，并非都是那么简单的受骗上当。他说：“我认为红卫兵一代人不从主观上去拷问自己的灵魂，不让自己曝光在光天化日之下，那么他就不仅对不起那些在他们手中受难的师长，也就没有资格去诅咒自己人在“文革”中的遭际。更为严重的是，如果当某种气候又来到的时候，或者在新的时代条件下变幻出新的样式时，难以保证他们中的某些人旧病不复发。”这是一种历史的忧虑。

“祝福他们，这些为世界分担痛苦的人们：在时间的流逝中，他们将比那些回避痛苦的人得到更多的幸福。”这是耶稣的话。也许会对我们有所警示。

（原载 2003 年 5 月 20 日《中国经济时报》）

“非典”是突如其来的吗

无论是有意还是无意地强调疫情“突如其来”，都不是好事。因为这个界定只能给世人这样的印象，即疫情之严重是人力无法控制的，是天灾，所以人为的责任是不大的甚至没有的。

“这是一场突如其来的疫情”，似乎成为众多媒体及官员对非典疫情的一致界定。而非典尤其是北京地区的非典疫情真的是“突如其来”吗？

北京在3月初就发现了第一例非典病例，但直到4月20日，疫情的真实情况才公布于众，老百姓才知道非典在北京肆虐得何等厉害，才突然感到大难临头一般，切实的防护措施才纷纷出炉，抗击非典的战斗才真正拉开帷幕。如果说北京的疫情“突如其来”，也应该从3月初发现第一例病例算起，而不是过了50天之后，在延误了遏制疫情蔓延的大好时机后，再说什么疫情“突如其来”。50天是个什么概念？是本可以挽救多少生命的时间，是本可以避免诸多因疫情蔓延而带来的麻烦和代价的时间。明明是白白错过了如此人命关天的50天，还说疫情“突如其来”，合适吗？

北京不是非典在中国的首发地区，之前有个广东。去年11月底广东就发现非典病例，如果说在广东非典疫情“突如其来”，还情有可

原。那么，在事过四五个月后，再说北京的疫情“突如其来”，就未免说不过去了。难道相关职能部门、相关负责人不明白传染病的危害？不明白尽快尽早地控制住始发地的疫情是应对疫情必须采取的措施？

如果今天北京可以等隔了四五个月后还说疫情“突如其来”，那么，是不是等再过若干天，等非典不幸传到现在的非疫区，当地也可以同样的口气来说疫情“突如其来”，从而给自己所有应对不及找出冠冕堂皇的理由？这是一种什么样的潜在危害？

无论是有意还是无意地强调疫情“突如其来”，都不是好事。因为这个界定只能给世人这样的印象，即疫情之严重是人力无法控制的，是天灾，所以人为的责任是不大的甚至没有的。那么我们可以对比，为什么其他国家在应对非典时，比我们显得有章法得多，那么处变不惊？为什么人家感染非典的人数远比我们少？难道疫情对人家不是“突如其来”的天灾？

世界卫生组织对中国前一段时间防治非典的评价是“慢了，晚了”，评价恰如其分。并不是疫情“突如其来”，而是我们的反应太慢，才越发显得措手不及，才酿就了疫情的大规模爆发。

无论天灾还是人祸，凡给人类文明蒙上阴影的东西，都不该被掩饰。如果我们缺少一种批判的锐气，谁又能保证在今后的日子里不会重蹈覆辙？如果我们今天轻描淡写地将非典瘟疫的一页翻过去，也许过不了多久，这场灾难所警示人类的一系列严峻问题，如何协调人与生态环境的关系，如何检点我们的生活方式、确立一种有节制的生存意识，如何调动整个社会系统应对突发灾难等，都可能被我们淡忘，伤口愈合之后，又是一片歌舞升平、其乐融融……

（原载 2003 年 5 月 23 日《中国经济时报》）

鼠患过后不要“好了伤疤忘了疼”

洪水只是此次鼠患的诱因，而人类对湖区生态的改变及对田鼠天敌的大肆捕杀，才是鼠患发生的根由。

据新华社报道，从2007年6月中下旬开始，原本栖息在洞庭湖区400多万亩湖州中的数以亿计的东方田鼠，随着水位的上涨，向环湖大堤内大举“侵犯”，所到之处，破坏防洪大堤，啃食农作物，最让人担忧的是，它们还可能传播许多流行性疾病。目前，湖南各级政府正组织大量人力物力阻击老鼠，鼠患基本得到控制。但洞庭湖“人鼠大战”究竟要持续多久、鼠患何时不再形成危害，尚待观察。

专家分析，“围湖造田”、“筑堤灭螺”，人为地改变了湖区生态环境，东方田鼠栖息地扩大，种群数量增大。与此同时，蛇、猫头鹰、鼬等老鼠的天敌几乎被滥捕殆尽，老鼠自此称霸湖州。洪水只是此次鼠患的诱因，而人类对湖区生态的改变及对田鼠天敌的大肆捕杀，才是鼠患发生的根由。可以说，鼠患是自然生态环境对我们的一次警示，是对我们究竟应该如何开发、利用自然的一次警示。

大自然这本书，我们读懂的有多少？环保主义者常说“敬畏自然”。以“敬畏自然”保护生态环境为名，对自然开发盲目采取否定的态度，的确有“蒙昧主义”的嫌疑。自然环境不是不可开发，关键的问题是应该在一个符合科学的范畴内开发。

现在最需要的是汲取教训，不要像以往那样，教训过后“好了伤疤忘了疼”。我们应该还记得4年前非典带给我们的恐惧和灾难，但非典过后不久，一些人就又坐在以野生动物为原料的餐桌旁大快朵颐了，一些经营国家明令保护的野生动物贩运及餐饮的商家，再次迎来红火的“生意”。相比起来，捕杀田间地头的“活物”以满足口腹之欲，不过是“小巫见大巫”了。

环保意识说到底是一种人类的理性意识，是人类对自己行为后果负责的意识。为实现节能降耗、科学发展，中央政府从转变经济结构上着手，从调整官员考核机制处发力。规划环评等更具有前瞻性的环保理念也提到公众面前，尽管实施过程十分艰难。它们都体现着力图以理性的方式把握人与环境和谐发展的思维。但现实中，“发展的冲动压过环保的观念”，“政府埋单、老板发财、百姓遭殃”的无视环保的现象，还实实在在地存在。在责任分散的场合，在某些人“天上飞的，地上跑的，没有什么不敢吃”的胆量中，人的理性还十分微弱。

缺失这种理性，某些灾害引发的后果可能是我们难以预料，甚至无法弥补的。比如鼠患来临，如何灭鼠？业内人士提醒，一味地以毒杀应对鼠患很可能会遗患无穷。可在棍棒、渔网、塑料薄膜、陷阱、捕鼠夹、火攻等都不奏效后，人们只能将毒药派上用场，顾不上“携带大量病菌的鼠尸以及残存的毒饵流入沟渠和田间可能对生态留下难以估量的损害”。如果在毒杀老鼠之后，我们又不得不面临毒药留下的后患，我们为鼠患付出的代价还要波及多远？

根治洞庭湖鼠患，专家建言，工程、药物防治手段只能治标，从长远看应该采用生态治理方法，保护田鼠的天敌，逐步恢复洞庭湖的自然生态系统——但愿经历这场鼠患之后，我们能变得更聪明一些。

（原载2007年7月19日《工人日报》）

“问题奶粉”让我们输得很惨

或心存侥幸，或利欲熏心，或极端麻木的心态，使得一些人失去了基本的判断力，对眼前的“悬崖”、“高压线”视而不见。

2009 年新年第一天，22 家奶制品企业为问题奶粉事件向公众致歉，结石患儿的赔偿也已开始，加上 2008 年末原三鹿高管出庭受审，一系列新闻让我们在辞旧迎新的时光里，无法回避问题奶粉事件带给我们的伤痛。有位奶农的话刺痛人心：“问题奶粉事件，只有输家，没有赢家。”

的确，一个奶业巨头的倒塌，中国奶业信誉的整体下滑，消费者对食品安全的忧虑，以及监管部门形象的受损，我们找不到一个赢家。

但这样的“没有赢家”的结局，是以“事发”为前提的，也就是说，如果事情还不为公众所知，就依然会有“赢家”，比如，企业可能依然经营得红红火火，尽管受害者的队伍在不断加长。

在其他食品安全事件中，我们也见过这样“没有赢家”的结局，企业垮台，中毒者痛苦不堪，政府忙着善后，消费者不知吃什么才安全；在矿难事故中，我们同样见过“没有赢家”的结局，矿工丧命，矿主入狱，政府赔偿，公众愤慨；在特大诈骗案件中，我们依然见过“没有赢家”的结局，诈骗者获刑入狱，受骗者血本无归，监管者信誉

扫地……大体而言，凡违法乱纪之事，基本都逃不过“没有赢家”的结局。只是因其对公众影响程度的不同，人们对“没有赢家”的感触会有些差别。

想来，落入“没有赢家”的结局，并非当事人意料之中。或心存侥幸，或利欲熏心，或极端麻木的心态，使得一些人失去了基本的判断力，对眼前的风险视而不见。这里有个至关重要的环节，即这些人是不是知道“悬崖”在哪儿，是不是知道哪条线是不能碰的“高压线”。

如果有人稀里糊涂地掉下“悬崖”，那么，有可能是我们的社会规则出了纰漏。规则应该让所有的人看得见“悬崖”的边界和“高压线”的位置，明白什么事是绝不能做的。这些规则包括有明文规定的法律法规、不成文的行业操守，也包括“头顶的星空和心中的道德律”。

我们的规则不少，相关法律也不能说不完备，为什么还有人“坠崖”、“碰线”呢？一个重要的原因就是执法不严。结果，法律的效力大打折扣，甚至有人不惜以身试法。除了法律，对职业操守、社会良心等“软约束”，一些人的敬畏之心“缩水”，也是重要原因。

退一步说，如果说法律难免滞后，不可能堵住所有现实漏洞，如果说不能寄希望于所有人都坚守职业操守且听从良心的召唤，那么，我们就要尽可能在事发之初，将问题暴露于阳光之下，将恶性事件消灭在萌芽状态，不致酿成大祸。这离不开某些前提条件，比如畅通的信息渠道，透明公开的舆论监督。

让“没有赢家”的悲剧少些再少些，让所有的人对社会规则有足够的敬畏之心，离“悬崖”远一些，离“高压线”远一些。

（原载 2009 年 1 月 6 日《工人日报》）

让瞒报矿难者付出代价

是报还是瞒？天平的一端是矿工在地下煤层的生命呼救，另一端是矿主及少数官员的巨大利益。

“这是一起性质恶劣、损失严重、影响极坏、特别重大的煤矿透水和瞒报事故”——针对5月18日发生在山西省左云县张家场乡新井煤矿的矿难瞒骗事件，国家安监总局局长李毅中义愤填膺。5月27日，国务院“5·18”特别重大透水事故调查组成立。（见新华社2006年5月28日报道）

左云矿难，矿方上报5人被困，后经有关部门核实，被困矿工人数为56人（据5月28日《人民日报》）。从5月26日新华视点所披露的“山西左云矿难瞒骗事件追踪”中不难看出，左云矿主瞒报手法与其他类似事件惊人相似：事发后订立攻守同盟，统一口径，制造假象，转移被困矿工家属，转移资金。调查初步证实，事故煤矿所在地张家场乡的一些干部参与了瞒报。

因为矿主瞒报，贻误了抢救的最佳时机，使抢险善后工作难上加难。更为恶劣的是，瞒报矿难，少数人为了一己私利，可以将几十位矿工的生命弃置一旁，公然挑战国家法律和政府权威，挑战社会的公平与正义底线。尽管国家有对瞒报矿难者的严刑峻法——比如几年前

的南丹矿难，肇事者即受到了党纪国法的严惩；近来一些地方还出台对瞒报矿难者处以高额罚款的规定，目标只有一个：逼退不法矿主不把矿工生命当回事的行径——但是，我们依然不能低估一些人为了暴利而公然挑战国家法律的疯狂。当瞒报的利益诱惑异常强烈时，一些人很可能铤而走险。

矿难发生，矿主通常面临两种选择：一种是如实上报而接受处罚，发生重特大事故的煤矿将被关闭，资源将被收回拍卖，这无疑断了矿主日进斗金的财路，对非法经营的矿主，其“前期投入”也将化为泡影——可谓损失惨重；另一种是瞒报，如果侥幸成功，顶多给“没见过多少世面、更没见过多少钱”的矿工家属赔点钱，伤不着自己几根毫毛，只要煤矿能继续开，将地下的煤挖出来就是成捆的钱。尤其是瞒报往往会得到当地某些人的默许、支持或配合——一来，煤矿是一些地方财政收入的重要来源，“保护”煤矿成了一些人的“分内之责”；二来，按问责制规定，出了矿难，相关领导轻的要受到党纪政纪处分，重的则要被追究法律责任，一些人试图把事情在内部摆平；三来，官煤勾结、官员入股的存在，使得少数官员与矿主结成利益同盟。不仅如此，一些地方一旦出了事即想到“家丑不可外扬”，大事化小、小事化了的一贯思路与做法，也助长了瞒报的风气。加之监管不力给少数瞒报者以可乘之机，“成功者的经验”增强了后继者效仿的“勇气”。

是报还是瞒？天平的一端是矿工在地下煤层的生命呼救，另一端是矿主及少数官员的巨大利益。如果没有维护公平与正义的国家法律利剑的制衡，这架天平注定要倾斜。从国家高层领导人“严查事故背后的权钱交易、官商勾结，查处事故背后的腐败问题”的批示，到最高人民法院副院长姜兴长近日强调“对在矿难等重大安全生产事故发生后掩盖事故真相、瞒报、谎报，致使事故损害进一步扩大的重特大事故案件的犯罪分子，要依法予以严惩”，都在向所有企图瞒报矿难者发出警示：党纪国法不是儿戏，所有试图挑战国家法律者，必将受到严惩。

为了维护国家经济生活的正常秩序，为了矿工的生命不再被当成儿戏，为了国家法律的威严，让所有瞒报矿难者付出应有的代价，这是一个追求公平与正义的社会所必须坚守的规则。

（原载 2006 年 5 月 30 日《工人日报》）

第四篇　世道人心

财富的欲望，权力的欲望，成名的欲望……欲望形形色色，充斥大街小巷。那"头顶灿烂的星空和心中的道德律"，分量又有多重?

可不可以“慢慢来”

慢慢来，是为了走得更快更稳。慢慢来，是一种逐渐成熟的气度和沉稳。

“淡水的街头，阳光斜照着窄巷里这间零乱的花铺。”龙应台看着卖花妇人5岁小孙儿很努力地打着一个蝴蝶结：绳子穿来穿去，刚好可以拉的一刻，又松了开来，于是重新再来，小小的手慎重地捏着细细的草绳。“回教徒和犹太人在彼此屠杀，衣索匹亚的老弱妇孺在一个接一个地饿死，纽约华尔街的证券市场挤满了表情紧张的人——我，坐在斜阳浅照的石阶上，愿意等上一辈子的时间，让这个孩子从从容容地把那个蝴蝶结扎好，用他5岁的手指。”

《孩子，你慢慢来》一书，让很多人感触到了龙应台的女性温情与细腻。一句“孩子，你慢慢来”，令人百感交集。

做母亲的，大概没有不希望自己的孩子能“慢慢来”的。看着娇嫩的小生命一天天成长，面带微笑的母亲可以有足够的耐心等待。但现实呢？现实允许孩子及母亲“慢慢来”吗？

从胎教起，“不能让孩子输在起跑线上”就如同在众多母亲头上戴了一道紧箍。汉语“妈妈、爸爸”还没说清楚，孩子就要紧着学起了ABC，更有奥数、乐器、绘画等等一个接一个的兴趣班等着孩子们。

孩子和家长一起起早贪黑，在做不完的作业与上不完的兴趣班之间奔波。尽管母亲心里也犯嘀咕：这样的日子对未成年的孩子来说是不是太残酷？孩子快乐的童年从何而来？可看看周围，大家都这样，谁敢例外？谁敢跟整个教育体制较劲？谁敢拿自己孩子的前途做赌注？

据说“童话大王”郑渊洁是个例外，他将孩子接出学校，回家自己教育。可那毕竟凤毛麟角，不是平头百姓轻易效仿得了的。且成功机率如何，谁又敢断言？只要进了校门，考试、成绩、升学，没有一步能让孩子和母亲喘口气的。

而能否“慢慢来”，远不止是母亲对孩子的心态，更有我们这些成人自己对自己的心态。

房子、车子、票子，哪一样也容不得“慢慢来”。你挣钱的速度慢，可房价上涨的速度不等人；自以为不为外界所动，可用不了多久，周围朋友住的房子越来越大，开的车子越来越豪华，你还有多少气定神闲的定力？基金、股票、期货、房地产、收藏，投资理财的门道越来越多，“某某又发了”，总会激起无数人步其后尘的万丈雄心。想“慢慢来”？财富的刺激、现实的喧嚣往往容不得我们悠闲的步伐。

看看每天地铁内脚步匆匆的阵势，你走慢了，都可能招后面的人烦。办公室里，人人都在穿梭忙碌、伏案加班，你想“慢慢来”？另谋高就吧。手机更新换代的速度越来越快，电脑的新功能让人眼花缭乱，电视媒体的直播技术越来越先进，地球另一边前 3 分钟发生的新闻，瞬间就能清晰无误地传到你的眼前。似乎只能感叹：不是我不明白，是世界变化快。

都想快，可结果呢？

出行，都想快，于是私家车越来越多。可到头来，路上越来越堵，耗时越来越长，车里人心中的怨气也越聚越多。

发财，都想快，于是走捷径、抄小道的骗术应运而生，什么“大造林”、高回报集资、传销、中奖等等神话，屡屡让智商并不低的人输给智商平平的大小骗子。更有不良商家“开动脑筋”，往好端端的食品里添加人体承受不了的东西，三聚氰胺、苏丹红、甲醛、工业酒精等等，有毒食品不时威胁着公众的生命与健康，挑战着公众对商人基本良知的信任，以及对政府监管职责的信任。

当官的，都想快，快出政绩，“更上层楼”，于是，唯 GDP 是举，上大项目，搞大投入、见效快的“面子工程”，“形象工程”一个比一个耗资巨大，见效慢的民生工程如社保，则能拖就拖。结果是百姓享受不到经济发展的好处，当地经济背上沉重的负债包袱。

办大学，都想快，于是“发展教育产业”成了指导思想，大学学费越来越高，大学的规模越来越大，大楼越盖越气派，校门越盖越豪华，可大师并没见越来越多，学生的素质反而一年不如一年，“跻身世界名校”的梦想似乎越来越遥远。

出名成家，都想快，就连一向被视为超然世外的学术界，不少人也耐不得冷板凳的寂寞。东炒西拼，作假行骗，四处招摇，上下钻营，媚官傍商，出卖良心，甚至出卖国家利益。

也许有人解释，快，是因为我们以前太慢了。我们要发展，要全球化。慢，可能被淘汰。这样的解释不无道理。但是，“欲速则不达”也是我们不可忘记的。

改革开放 30 年了，积累了相当经济实力的我们，有必要回过头来看看我们走过的一个个脚印，哪些是我们的经验，哪些是我们的教训。

慢慢来，是为了走得更快更稳。慢慢来，是一种逐渐成熟的气度和沉稳。

（原载《中国质量》2009 年第 6 期）

干净，一个极高的评价

一个地方、一个单位，如果干净的人多了，这个地方、这个单位的环境会更为清朗，清爽。因为大家行事各守本分，各司其职，光明磊落，规规矩矩，该办的事一定办，不该办的事一定不办，自然民风淳厚，人心平和，风调雨顺。

说一个人干净，如今，是个极高的评价。

说一个男人干净，是说他为人坦荡，对家人、对朋友、对同事，各自担当理该担当的责任，没有阴暗，算计，背叛，欺瞒，两面三刀，阳奉阴违，曲意逢迎，见人说人话、见鬼说鬼话。在家里，他是好丈夫、好父亲；在单位，他是好部下、好同事、好上司；朋友圈里，他是可以交心、患难中出手相助的挚友。这样的男人往往并非社会名流、商贾富豪、达官显贵，可能只是公交车上一手拉着扶手、一手掏钱买票的男士，是上班途中自行车大军中的一员，是风里来雨里去接送孩子上学下学的为人父者，走入人群，他们会立刻消失。但无数个这样的男人组合起来的家及社会，真实而平静。

说一个女人干净，并非指外在衣着，而是指内在品性，安守本分，不招惹是非。

所谓安守本分，不是古来三从四德，而是指不以美貌、女色等做交换，“守多大碗吃多大饭”。这一点，对于有几分姿色的女人，不易。毕竟，美貌是天生俱来的资源，且周围的诱惑越来越多。远的，凭一张漂亮脸蛋而一夜成名的女艺人一个接一个；近的，同一单位中本事不大却深得领导宠爱的红颜同胞常常得风得水，不时掠走旁人既三分羡慕又三分意味深长的眼光。尽管这样的女人比起拿手中的权力换来几百万几千万、坑民祸众的贪官污吏来，要强出许多，但她们离干净总有些距离。

干净的女人心中也有所向往，但她们不走捷径，不去巴结权贵，也不委屈自己行违心之事。走到哪儿，她们都可以直视任何人的眼光，笑起来，也是透着从心底升起的自信。多年过后，她们不会留下任何不堪回首的心结。她们的日子平静如水，清澈见底。

不招惹是非也是一种干净。这样的女人，从不以东家长李家短为乐事，做自己的差事，过自己的日子。哪怕是清洁工，也以把卫生间打扫得可鉴人影为乐，而不是指指点点“对面街口卖报纸的男人又跟谁家的女人好了”之类。

说一个人干净，与其社会地位无关，与其贫富无关，与其学识无关。北京香山门前，一对盲人夫妇长年卖唱乞讨。每次，夫妇俩总是身着简朴而干净的布衣衫，轮流唱着一首首传统歌曲，声音不大，但每首歌都是从头至尾，完完整整。轮到唱的那个，一定是站起来唱，休息的那个，坐在一旁守着乞讨用的铁盒，每次有路人放进一两块钱，总会说上一句：谢谢，祝好人一生平安！次次如此，声音低低的。比起其他乞讨者，这对夫妇得的钱总是多些。

说一个官员干净，是说其公正清廉，办事公道，坚守原则，不出卖权力，不与买官卖官、贪污腐败之类的事有任何瓜葛。这样的官员可能官职不大，也极少置于前呼后拥的风光中。但当他下台时，周围人会送他一句这样的评价：是个好人。

一位官职不大不小的干部，因谢绝任何礼尚往来，被好心人提醒：水至清则无鱼，人至清则无友。可他一如既往，只回了一句：图个睡觉踏实——这是我身边亲眼所见的一位官员，退下来已有近10年了，不知若放在今天，他还能不能坚持己见。

一个地方、一个单位，如果干净的人多了，这个地方、这个单位的环境会更为清朗，清爽。因为大家行事各守本分，各司其职，光明磊落，规规矩矩，该办的事一定办，不该办的事一定不办，自然民风淳厚，人心平和，风调雨顺。

干干净净做人，规规矩矩做事，理应是条底线。有了这条底线，才能托起为人的更多的本真，才能远离更多的虚浮。

守住这样的底线，说难也难，说不难也不难。

（原载2006年8月21日《中国经济时报》）

抓住幸福的衣襟

经济学家把人类的幸福归结为“人类选择自由的拓展以及人类的能力自由地提升”。

幸福，似乎成了一个时尚话题。有机构编制“城市幸福指数”，给不同城市中人们生活的幸福程度号脉、打分。也有不同人群幸福度的比对，结论往往引发热议，如“农民比城里人幸福”之类。而夜深人静时，扪心自问，“什么是幸福?”“我幸福吗?”可能是很多人想不太明白、也一言难尽的事。

抓住幸福的衣襟，并不容易。

法则之一：幸福不会从天降。幸福与温饱相关，但“有钱不是万能的”。

你我共同的一个生活感受，“第二道菜远不如第一道菜鲜美”。因为饥肠辘辘时吞下的第一道菜，对果腹的功劳最大，而第二道菜的功劳渐次。

二战以来，欧美社会几乎所有体现社会福利的客观指数都在提高，如人均收入、住房面积、轿车人均拥有量、每年打电话的次数、每年旅行的次数、所获得的最高学位、智商分数。但幸福指数在近 50 年来没有任何增长，认为自己“非常幸福”的人口比例自 20 世纪 40 年代

以来一直在下降。最突出的变化是抑郁症患者增多。即使《福布斯》上榜的富豪们，与中等收入的普通人相比，其对生活的满意程度仅略高一点。

不少人得出结论：在较低的发展水平，收入的增加能够显著地有助于幸福度的提高，一旦达到某种限值水平后，收入对幸福只有很少或根本没有任何效应。

以“最突出的变化是抑郁症患者增多”比对中国，多年前，我们很多人根本没听说过还有个名叫“抑郁症”的病，在连肚子还吃不饱，或者置身于钩心斗角的政治斗争中，谁有工夫去“抑郁”？即使真有人抑郁了，又可能被旁人当做“他生病了”来呵护吗？所以，正如有人将“三高”称为“富贵病”一样，“抑郁症”至少也是疑似“富贵病”。

只有当我们渐渐告别贫困与恐惧，“楼上楼下，电灯电话”成了百姓不再稀奇的生活图景之后，我们才可能走出生活的粗粝，体验内心的感受。“我幸福吗?”“活着是为了什么?”之类的生命终极目标的冥想才会在我们心头升起。

法则之二：真情无价。

生活中，我们真正企盼的如爱情、友情、尊重、家庭、名望或乐趣等，都是无价的，它们不经过市场流通，简单的兑换、“一手交钱一手交货”的套路不灵。所谓亲情无价，尊严无价。

寻找它们、培植它们、呵护它们，可能会耗尽一生的精力。

为了心中至高无上的爱，欧洲的骑士可以亮剑以生死决斗，英国国王更可以舍去江山而抱得美人归。这些让无数文人墨客倾尽才思而称颂的爱，是人人皆可随取随享用的吗？如果不是因为爱是太玄妙的东西，它也不会成为文学作品永恒的主题之一。

爱是一种能力。那些懂得爱，珍视爱，珍视生活中一切美好情感的人，往往是幸福之神最青睐的人。

法则之三：对未来别抱过高期望。

远大理想、雄心壮志之类，没什么不好。没有希望的生活肯定是暗淡无趣的。但重要的是，“认识你自己”，认识所处的时代，给自己人生一个准确定位，双脚站在坚实的大地之上。

最极端的例子，如果一个中国平头百姓梦想成为英国那些讲究宗室血源继承原则的国度的王位继承人，这样的梦想只能是“瞎耽误工夫”。

法则之四：你只是你，走自己的路。

你，不仅因遗传基因而与众不同，时代、社会角色、社会地位、经历等，均造就了独一无二的你，恰如“世界上没有两片完全相同的树叶”一样，别随便跟什么人比高低。

要知道，影响我们幸福的因素太多太多——自尊、自控、乐观、外向和精神健康等是个人因素，年龄、性别、婚姻状况和教育水平等是社会因素，还有个人收入、总体收入、失业和通货膨胀等经济因素。此外，具体就业和工作条件，工作单位的压力，与同事亲戚朋友的人际关系以及生活条件和健康状况等可称为情形性因素，而包括权力的分散程度和公民直接参与公共政策的权利等又可称为体制性因素。

若干个因素，若干个“大圈”、“小圈”地画下来，你的处境是唯一的。走自己的路，寻找自己的幸福，是最现实不过的处世哲学。

法则之五：人是群居动物，所以，要在群居中、在社会参与中寻找幸福。

有研究证实，人类的幸福感是通过在一个社会群体中的相互比较而获得的。人类在婚姻、家庭、社群、宗教团体中所获得的幸福感会比单一的个体所获得的幸福感要多。

在大多数情况下，公民对政策效果的评价、公共决策程序的民主

性和参与性、公共政策执行者和制定者的受欢迎程度、公民权利的受尊重程度等，也会对一个社会中的公民的主观幸福造成影响。

经济学家阿玛蒂亚·森把人类的幸福更多地归结为“人类选择自由的拓展以及人类的能力自由地提升”——这可能需要我们用一生的智慧与勇气去验证、去尝试……

（原载 2008 年 1 月 11 日《工人日报》）

放下钱，或许会捡起更有意思的东西

跟着流行走，还是跟着自己走？跟着虚荣走，还是跟着理性走？

中国目前已成为全球豪华汽车购买力最强的国家之一，众多豪华车纷纷抢滩中国市场。在国际金融危机使欧美日奢侈品牌需求普遍萎缩时，中国奢侈品市场却依然向好。目前中国奢侈品消费已占全球市场的25%，首次超过美国成为世界第二大奢侈品消费国。

其实，普通百姓对这一新闻没多大兴趣。毕竟，豪车、名表等奢侈品离普通人的生活很远。过日子，普通人最关心的不是如何一掷千金以图在人前买个面子，而恰恰是如何花小钱办大事。

尤其在国际金融危机的背景下，关于省钱的话题在不同人群中引起共鸣。在美国，一位被网友称为“省钱教母”的女士，总结出“十大省钱绝活”，在网络上被无数人转引，如“将每天的淋浴时间从15分钟缩短到10分钟”，“自带午餐，而不是在外就餐”，“自己在家修指甲，而不是每周在外享受一次修甲服务”等——这些经验在不少中国人看来，真没多少“技术含量”。习惯于“新三年、旧三年、缝缝补补又三年”的我们的父辈，自小就熟知居家过日子“吃不穷，穿不穷，算计不到就受穷”的道理。只不过这些“至理明言”在如今的“80后”、“90后”们听来，实在太“老土”了。

更有人将省钱的生活方式上升为一种“主义”——“新节俭主义”。日本人写了一本书《不持有》，列出一长串习惯清单：超过自己管理能力的物品，不持有；不留恋的物品，不持有；无法回归自然或转让给其他人的物品，不持有；和自己或自己的生活风格不符的物品，不持有……一句话，就是把持住欲望，尽可能理性消费。这些观点与环保主义者、简约主义者的主张大体合拍，也没多少新鲜成分。

说来说去，所谓节俭，离不开理性和自律。但这一点，向来知易行难。跟着流行走，还是跟着自己走？跟着虚荣走，还是跟着理性走？这才是隐藏在更深层面的命题。当炫耀性消费成为一种时尚时，总会有人争相在名牌服饰上一掷千金，尽管它们并不实用；也有人会将鱼翅、鲍鱼、燕窝之类奉为极品美味，并引为一种高贵身份的象征，尽管它们没多少营养价值，不过因稀有而价格昂贵。不能不承认，时尚之风确实容易把理性吹到一个无人理睬的角落。

但无论如何，有一点是我们的共识，即与挥霍容易刺激人性恶的某些东西相反，节俭在很多时候会激发人向善、自律的一面。即使是世界顶级富豪，被人们所称颂的品德中，往往也是其日常生活中如何“斤斤计较”，不肯浪费一分钱，而并不是挥霍无度。

当财富与进取、理性、利他等联系在一起时，往往会赢得尊重。当财富走向另一个方向，时时刺激人联想起沉沦、没落、无所事事。

放下金钱，我们兴许会捡起更有意思、更令人陶醉的东西。举个小例子，送朋友礼物，把朋友最喜欢的歌曲刻成一张 CD，比起一大盒包装精美的巧克力来，会更令你的朋友心花怒放，因为这小小的礼物承载着对朋友的关心和体贴，它们是无价的——而类似这些东西，是不是一度被我们遗落在路边？

（原载 2009 年 9 月 26 日《工人日报》）

“剩女”的境界

在男人主宰的世界里，她们以自己的坚守蔑视男人的挑挑拣拣。对此，如果理解成“那不过是她们嫁不出去的自慰，吃不着葡萄说葡萄酸”，就未免以小人之心度君子之腹了。

先有媒体说广州几十万光棍将娶不到老婆，后有媒体说南京出现大批“剩女”（年龄在28岁以上、想结婚却找不到可嫁之人的女士），似乎都挺让人着急。

所谓的光棍、“剩女”多了，是不是一个问题？进入婚龄期而未迈进婚姻殿堂的人群中，究竟是女多还是男多？

等不及学者们拿出统计数字来指点乾坤，我们大可以通过观察身边的人和事，归纳出一些流行趋势。

老话儿说“有剩男没剩女”，说的是再老再丑的女人最后总能找着婆家，而男人似乎没这个福气，剩到最后，赢得个不太雅的别号——“老光棍”。

然而世事变换，这一规律似乎正在被颠覆。时下的女人有自己的工作，不再靠男人养活；有自己的事业和追求，没必要把自己的命运拴在一个男人的腰带上。尽管女人也明白，现实当中，真正要与男人平起平坐，赢得异性发自内心的尊重，难度不下于九天揽月。关键时

刻，“终归是个女人嘛”，这话绝不仅出于引车卖浆者口中，那些所谓成功男人、高层男人在说这话时，眼神中同样会流露出不屑，还有几分得意。

五六十岁的男人娶个二三十岁的女人，成不了新闻；可如果反过来，一定会成为令周围人群兴奋的谈资。现实中，前者屡见不鲜，而后者则凤毛麟角。博士硕士娶个小学毕业的，没人觉得稀奇；反过来试试？当事人都觉得别扭，外人的眼光跟看外星人差不多。处长、局长娶个办事员，大家会觉得再正常不过；反过来试试？“是男的有毛病还是女的有毛病”的猜疑会接踵而来——这就是“性别落差”！

在这样的“落差”下，剩男的可能性不大，他们三十未娶，不影响他们四十、五十时娶，他们既可以挑同龄的，还可以“眼光向下”挑“落差”在一二十岁甚至更大的异性。所以，“将有多少男人找不到老婆”之类的警示吓不倒现在的男人。

而女人呢？她们没有男人的“自由”。

照理，新中国成立快60年了，男女平等都已成了国策，可在婚姻上的这种“性别落差”为何如此严峻？

什么叫传统观念的力量？这就叫传统观念的力量。它无形而威力巨大，它潜藏在无数人头脑当中，从学富五车者到大字不识几个者；它如同空气一般，游走在大街小巷，从富丽堂皇的豪宅到低矮破败的草房……

这样的“落差”决定了“剩女”的出现，并不奇怪。

有人抱怨，今天的女人不肯将就，不愿凑合，才“剩下”的。依我说，这话不太对头。这事不是女人的错。女人的眼光挑剔了，女人对幸福婚姻的要求和标准提高了，女人对幸福人生的理解深刻了，这难道不是一种进步？这是女人赢得经济独立后的必然，只有自立的女人才有这份勇气和自信。

“宁缺勿滥”，“不嫁没什么了不起”，“独身同样可以精彩”——这是今天的大龄女的自信格言。她们在用自己的执著，突破陈腐的框架，叫板传统的定律——生命绝不仅仅一个婚姻的维度，人生除了男人、除了婚姻，还有很多的精彩可圈可点。在男人主宰的世界里，她们以自己的坚守蔑视男人的挑挑拣拣。对此，如果理解成“那不过是她们嫁不出去的自慰，吃不着葡萄说葡萄酸”，就未免以小人之心度君子之腹了。

想想看，女人们在坚守中得的是什么？失的是什么？她们得到的是自主的人生轨迹，自由的生命空间和时间，自我能力的最充分的挖掘，自我才华的最大展示；她们失去的可能是按时回家做饭带孩子的辛苦，可能是陷于家务工作两负重担时的过早的沧桑面容。当然，也会有正常夫妻生活的快乐。但比起来，孰轻孰重？

如果男人们能心平气和地看一看周边，那些单身女士中不少活得很是滋润。将“剩女”放在她们头上似乎不太对劲，因为她们挑剔的眼光一点不比男人差，倒不如说是她们把男人“剩”在一旁。

若干年后，她们的这种坚守可能会带来某些改变，舒婷《致橡树》中的理想也许会成为现实。

若干年后，如果男人能跨过这段“性别落差”，兴许他们会发现另一片天地——“只要有一个女人讨厌‘情绪化女人’的定型，定有一个男人可以自由地哭泣和表现柔情。只要有一个女人觉得自己为儿女所累，定有一个男人没有享受为人之父的全部滋味……只要有一个女人向自身的解放迈进一步，定有一个男人发现自己也更接近自由之路”……

（原载《中国质量》2009 年第 1 期）

一位好老板与一颗平常心

有了这颗平常心，可能不会在有了钱之后，只想着怎么变着花样地吃喝玩乐；兴许不会津津乐道于人前摆阔斗富；也许不会遇点摩擦即摆出一副“老子有的是钱，你能把我怎么着”的嘴脸。

10年间，仅治疗费就花了30多万元，救回一位农民工的性命，好老板刘锦成的名字被多家媒体竞相追逐——10年前，湖北监利农民涂纪文在广州打工时身患尿毒症，工厂老板刘锦成掏钱帮其换肾，并承担了后来10年的药费。今年4月，涂纪文肾功能再次衰竭，刘锦成再次伸手相助。而在明珠星集团，刘锦成大把大把掏钱救助员工的事远不止这一件。

人们为这一好老板的仗义而感动。

“一个好老板，不能失去人的本性，要有一颗平常心。自己的生活不要太奢侈，该帮的人一定要帮。”刘锦成的话提出一个既简单又复杂的问题：今天，一个好老板的标准是什么？做一个好老板很难很亏吗？做一个好老板要付出什么、又会收获什么？做一个好老板，万万少不得的东西是什么？

之所以称刘锦成是个好老板，一定程度上缘于我们不时听到、看到某些黑心老板克扣工人工资，不顾工伤工人的死活等。我们承认，

市场经济条件下，资本的天性即逐利，只要企业能依法经营，如按时足额支付工人工资、给工人交保险、提供安全的工作环境，这样的老板也算说得过去了。如果再肯出钱建所学校、修条公路，大家就认为这是有社会责任心的好老板了。所以，一个好老板的标准，通俗而笼统地说，第一要守法经营，这是底线；第二要善于经营，会挣钱；第三要有些责任意识，对员工、对与企业相关的消费者以及社会公众，多尽些心，多出些力。

当然，这样的付出因人而异。有人担心，毕竟刘锦成是身价过亿的成功商人，他做的事能复制吗？很多人不太乐观。

并不是每一个好心肠的老板都有那个财力，总不能为救一重病工人而把厂子关了吧？所以，我们一再重申一个常识：好心肠的义举能救一两个人，而完善的制度才能救一群人。这里的制度，指完善的医保，还有慈善组织的力量等。

那么，除了付出，当一个好老板又会收获什么？

首先，是员工的忠诚。在明珠星集团，有不少员工一干10多年，企业处于低谷时，是这些老员工陪着刘锦成渡过难关，员工回乡说起“打工10多年，赚了一套房子、一个老婆、还有两个孩子”，引来乡亲羡慕的眼神。再有，好老板所收获的，还有公众的敬意及企业的好名声。当然，有的人会珍视这样的敬意与名声，有的人未必。

而在付出与收获之间，好老板未必天天在精心算计。成为一个好老板，并不取决于某种算计，而取决于刘锦成所说的“一颗平常心”。

有了这颗平常心，可能不会在有了钱之后，只想着怎么变着花样地吃喝玩乐；兴许不会津津乐道于人前摆阔斗富，为中国正在成为奢侈品消费大国而踊跃出力；也许不会遇点摩擦即摆出一副“老子有的是钱，你能把我怎么着”的嘴脸；在贫富差距拉大的现实下，在公众一提起有钱人就不自觉地想到“他们干不出什么好事”的现实下，当

财富伦理、财富品质一再成为公众追问的话题时，自己或许不会很心虚地把脸扭开，把头低下；甚至有可能发现，这世上除了钱，还有不少东西值得珍惜。

而这样的平常心，很多人身上没有。

“谁都不是一座孤岛，可以自成一体。每个人都是广袤大陆的一部分。任何人的死亡，都使我受到损失。因为我包孕在人类之中”——这话说起来也许过于空泛。务实地说，一个祥和的社会，受益的远不止是那些不太有钱的人。

说到底，一颗平常心的背后，是一种远见、大气与睿智。

（原载 2010 年 7 月 9 日《工人日报》）

让敬畏的力量在我们心中成长

当我们不再顾及那头顶的星空和心中的道德律时，敬畏之心就离我们远去，所有丑恶的东西就可能大行其道：贪赃枉法，造假行骗，抄袭剽窃……

德国著名哲学家康德说过：有两样东西，我们越思索它就越感到敬畏，那就是我们头顶灿烂的星空和我们心中的道德律。

在某些人看来，大哲学家的话语在今天可能显得颇为空泛而轻飘了。什么“头顶灿烂的星空”，我们可以无视它的存在；什么“心中的道德律”，虚幻无形的东西，换不来金灿灿的钞票和眼前的实惠。

当我们不再顾及那头顶的星空和心中的道德律时，必然的结果就是，敬畏之心离我们远去，所有丑恶的东西可能大行其道：贪赃枉法，造假行骗，抄袭剽窃……

从县处级、司局级到部级，一个个贪赃枉法的官员“前仆后继”地走上审判台，几百万、几千万元的权钱交易纪录不断被刷新；白天会场上大讲廉政建设，晚上私下里买官卖官明码标价，一些官员在百姓心目中的信誉直线下降。

从食品到学术成果，坑蒙拐骗无所不在，以至消费安全成为投诉热点，社会诚信、学术良心之类成为稀缺品。记得中国科协曾直陈科

学道德领域的“七宗罪”——抄袭剽窃他人成果；伪造篡改实验数据；随意侵占他人科研成果；重复发表论文；学术论文质量降低和育人不负责任；学术评审和项目申报中突出个人利益；过分追求名利，助长浮躁之风——宗宗罪状应该让学界不少人士脸红心跳。而造假极恶劣的还有官场上的数字“注水”，一个个“形象工程”、“政绩工程”让当地财政背上多年都卸不下来的包袱，称其祸国殃民并不为过。

因为无所畏惧，所以我们傲视万物，什么珍禽怪兽都敢做成餐桌上的美味佳肴，甚至讲究生吞活剥，哪怕染上什么莫名其妙的疾病也在所不惜。

因为无所畏惧，所以我们可以把大片大片的森林砍光，将未经任何处理的污水直接排入江河，让滚滚黑烟畅通无阻地飘进空中，并不顾忌多年以后，水土流失、土地沙化、沙尘暴、空气和水源污染等一系列恶果接连而至。

因为无所畏惧，所以什么丧失人伦、无视法律道德的事都做得出来，杀人越货、买卖人口、吸毒贩毒、投毒爆炸，重大刑事案件一桩接着一桩。

我们曾为抗日战争时期中华民族涌现出无数誓死不做亡国奴的仁人志士而自豪，但我们往往不敢正视，几乎在每一部抗日电影中，跟在那些烧杀抢掠的日本侵略军身旁的，总少不了助纣为虐的伪军队伍。为什么中国人当中有那么多人投降侵略者？这一问题，我们的历史学家很少研究，普通民众也很少反思，它几乎成了一个谁都不愿去揭的伤疤，就那么一直隐藏在我们民族肌体的某个部位。不是还有人为当年卖国求荣的汉奸周作人做种种辩护和开脱吗？可见，做汉奸，在一些人看来，并不是什么奇耻大辱，并是什么不可原谅的罪责。我不知道，对于一个民族来说，还有什么比卖国行径更危险，如果说连这一底线都可以放弃，那么，我们的文明社会大概也没什么可引以为“文明”的了。

在原始部落，在封闭、落后、偏远的人群中，人们相信冥冥之中有神灵在上，神灵是绝对不可亵渎的。“人间私语，天闻若雷，暗室亏心，神目如电”。在宗教流行的地方，教人行善积德的教义也在时时约束着人们不可做恶。

当科技的发展破除了我们对神灵的敬畏之后，当我们置身于转型期社会，基本的价值理念正经受着冲击，传统的与现代的、保守的与开放的、东方的与西方的、单一的与多元的价值观念相互胶着、交锋，这时，一种空前的无畏力量在一些人心中滋长——对什么事情都无所畏惧，对什么东西都无所顾忌，肆无忌惮，为所欲为。这种“无畏”最终可能会让我们失去做人的尊严与高贵。

我们应该相信，总有一些不能动摇、不能通融的东西要牢牢坚守。我们身处的这个空间毕竟叫做人类社会，它终究不同于动物世界，它要靠种种文明规范来支撑。我不知道，没有了规范，失却了基本的公序良俗，无视大自然的内在规律，我们的文明社会能走多远？

（原载《中国质量》2010 年第 10 期）

美味的欲望

现实当中，梭罗的瓦尔登湖生活模式几乎没有复制、推广的可能。对方便、舒适、享乐的欲望，让我们对现代文明趋之若鹜。

一位名叫安部司的日本人写了一本书《食品真相大揭秘》，让我对肉丸、火腿之类的食品开始反胃。

几年前，一个制造商找到有“食品添加剂之神”美誉的安部司，设想能用便宜的肉碎开发出一种食品。所谓肉碎就是从牛骨头上剔下来的“几乎不能称之为肉”的部分，这些东西黏糊糊的，水分多又没味道，通常用来做宠物食品。怎么才能把喂猫的东西变成人人爱吃的美味呢？

于是，以推销食品添加剂为业的安部司施展他的“魔法”——首先混入廉价的鸡肉馅，以增加分量，接着加入一种被称作“人造肉”的组织状大豆蛋白，营造出柔软的口感。安部司使用了大量的牛肉提取物、化学调味料来增加味道。为了让口感嫩滑，他找来了猪油和加工淀粉，又掺进了黏着剂、乳化剂。为了让颜色好看，他喷上了着色剂；为了延长保质期，他加入了防腐剂、pH 调整剂；为了防止退色，自然少不了抗氧化剂。最后，再往里混入调味汁和调味番茄酱，这种“化学丸子”就大功告成了。

丸子上市后大受孩子和家庭主妇的欢迎，安部司一度为此骄傲，直到目睹女儿开心地吃着自己用30多种添加剂创造的“杰作”：三聚磷酸钠、甘油脂肪酸酯、磷酸钙、红色3号、红色102号、山梨酸、焦糖色素……此时，安部司才清楚地认识到，他根本不希望自己的孩子吃这些东西。

又是“业内人士”说出了真相。而这次的真相事关我们很多人，因为我们很多人每天都离不开餐桌上那些美味——面对浓烈水果香味的酸奶，又脆又酥的煎炸食品，外出食用方便的火腿，还有各种饮料，很少有人在意，那浓烈水果香味的酸奶中并没有多少水果；那又脆又酥的煎炸食品比起非煎炸食品来，多了若干种食品添加剂等“不速之客”；在100千克的猪肉中注入肉用胶状物，就能做出130千克的特价火腿；那颜色鲜艳的健康饮料，是用虫子碾碎后提取出来的色素染成的“糖水”……其中，食品添加剂可谓“功不可没”。

人类对美味的贪恋，如果没有一定的遏制和底线，那么，我们每天添进胃里的，可能并不是肉、面粉、蔬菜，而可能是各种化学添加剂的混合物。

这是我们希望得到的吗？

尽管研究人员告诉人们，食品添加剂对人体是无害的，但安部司担心：“无害”的检验结果只是基于单种添加剂的使用情况得出的，一次摄取若干种添加剂会怎么样，这种复合性检验有没有人做过呢？还有，关于添加剂的毒性及致癌性测验，都是在老鼠等动物身上进行的。比如对老鼠施用100克的添加剂，老鼠就会死。那么，对人的话，就按照1%即1克来计算。难道标准可以这样模糊地制定吗？更重要的是，食品生产者在大量使用添加剂的时候，有没有考虑过对处在成长期的孩子可能造成的伤害呢？

民以食为天。在我们不知不觉沉醉于对美味的贪恋时，可能并不

觉察，我们正陷入一个巨大的陷阱——我们的身体里充斥着各种化学添加剂，而它们并不是我们维持健康的食品。

时下，不少城里人热衷于乡村游，面对“没有肉、少放油”的农家菜，矫情起来，大呼“好吃”。其实，它们不过是加工简单、加工工续少而已。而这样的食品更接近原汁原味。

相反的例子，来看看《红楼梦》大观园里，凤姐喂给刘姥姥的那道“茄鲞”是怎么做的。这道“有一点茄子香”的美味，做起来复杂得很——把才下来的茄子皮去了，“只要净肉，切成碎丁子，用鸡油炸了，再用鸡脯子肉并香菌、新笋、蘑菇、五香腐干、各色干果子，俱切成丁子，用鸡汤煨干，将香油一收，外加糟酒一拌，盛在瓷罐子里封严，要吃时拿出来，用炒的鸡爪一拌就是”——这是在做茄子吗？难怪刘姥姥摇头吐舌，“我的佛祖！倒得十来只鸡来配它，怪道这个味儿！”

“食不厌精，脍不厌细”，孔老夫子的教导被后人念念不忘。但无论如何，孔老夫子想象不到，今天的“食不厌精”，是以添加各种化学添加剂为前提的。

1845 年，也就是 160 多年前，年轻的美国作家梭罗摆脱生活羁绊，来到林木环抱、人迹罕至的瓦尔登湖畔，靠一柄借来的斧头，伐木造屋，掘地种粮，过上了一种朴素、简单的生活。他吃湖里钓上来的鱼和自己种出来的豆，不吸烟，不饮酒，精确计算维持自己最基本生活所需要的花费。每天的日程是读书、思索和写作，并用大量的时间享受自然。

梭罗在这里过了两年多的简朴生活，离开的时候，他写出了传世之作《瓦尔登湖》，记录了自己在瓦尔登湖畔与大自然肌肤相亲、在自给自足的田园生活中感受大地诗意、重新塑造自我的奇特历程。

在瓦尔登湖畔，梭罗完成了一种生活方式的实验：遵循本性生活，确定什么是生活中真正必不可少的。他给我们留下一份思考：我们需要一种什么样的生活方式?

比起几十年、几百年前的先人，我们今天的生活实在舒服得很。衣食住行，从没有像现在这么方便、轻松、享受和丰富多彩。

代价呢？紧张的生活节奏，每个人都在拼命工作，拼命挣钱。在虚荣、攀比、嫉妒中，被疲惫、郁闷、恼怒折磨，心灵找不到一块可以栖息的“瓦尔登湖”。还有，随之而来的，是资源的严重消耗，环境的严重污染，蓝天碧水离我们越来越远。

尽管一本《瓦尔登湖》唤起了我们对很多美好事物与情感的遥远记忆，以及对从前简约生活方式的怀念，但现实当中，梭罗的瓦尔登湖生活模式几乎没有复制、推广的可能。因为，对方便、舒适、享乐的欲望，让我们对现代文明趋之若鹜。

也许，更现实的，是对相对简约的生活方式的尝试。比如，学会拒绝；控制媒体消遣；控制购买欲；找出时间独处；简化家务；学会释放压力；合理分配收入，等等。

尽管只是改变一种生活的形式，但这种改变有助于我们思考：人的欲望是应该有所节制的，包括对美味的贪欲。有了欲望的节制，我们才可能更接近生命的本质。

（原载《中国质量》2008 年第 12 期）

“没有什么不可以”的心态很可怕

如果我们缺少了对尊严的呵护，缺少了对正义的尊崇，缺少了对责任的担当，缺少了对光明的追求与对理想的忠贞，我们的社会将变成什么样?

办丧事有艳舞“聚拢人气”，造价数万元、数十万元的豪华墓碑墓地竞相出现，祭祀品从汽车、洋房到“二奶”，无奇不有；“雷锋是帮人太多累死的”，“黄继光是摔倒了才堵枪眼的”，网上此类恶搞“创意”受到追捧；“马桶餐厅”、“监狱茶舍”宾客盈门；“中央一套”及“中央一抬（台）”等申请安全套商标，也是炒得沸沸扬扬——近来，在“挑战传统”、“大胆创新”的名目下，一股恶俗之风、一种“没有什么不可以”的社会心态呈现蔓延之势。

何为恶俗？何为良俗？大多并无白纸黑字的法律规章的界定。它们的分界源于公众对社会道德的取舍标准之中，源于一个民族千百年文化传承积淀下的基本善恶美丑的判断之中。

从葬礼的喧闹中，我们无从感受生者对死者的追思以及对生命的基本敬畏，剩下的，似乎只有生者向生者的财力炫耀，以及对纸醉金迷生活方式的向往。而某些暧昧商标的抢注所透露出的，也是对人性基本的体面与尊严的无视。类似“马桶餐厅”的创意，若放在餐饮文

化的话题中讨论，不过是小儿科的恶作剧，贻笑大方。

但是，在所有的喧闹与恶作剧的背后，或多或少地透露出一种令人不安的社会心态及价值取向的变异。置身于转型社会，人们畅快地呼吸着新鲜自由的空气，但随之，价值取向的茫然使得一些人走向另一极端——拒绝高尚，质疑权威，挑战经典，蔑视正统，戏弄人生，调侃一切。似乎，越离经叛道越容易赢得喝彩，越有违主流越显得"体面风光"，其核心即"没有什么不可以"——而这，无疑是一种可怕的社会心态。

在这种心态之下，一些人可能无畏于"头顶的星空和心中的道德律"，可以不在乎善恶、荣辱、美丑及是非的分界，不在乎人伦、道德、法律的约束，可以无所顾忌、无所敬畏、不择手段。

可以想象，如若官员信奉"没有什么不可以"，就可能无视官员的职业操守，徇私枉法，弄权牟私；如若商人信奉"没有什么不可以"，就可能无视商人的职业操守，大肆制售假冒伪劣产品；如若学者信奉"没有什么不可以"，就可能无视学者的职业操守，抄袭剽窃，沽名钓誉；如若医生信奉"没有什么不可以"，就可能无视医生的职业操守，将收红包、从患者身上揩油视为"理所应当"……如果放纵这种社会心态的蔓延，那么，我们将不能不担心，构成人之所以为人的人性中的光明、纯洁、健康、善良本色，则可能被动摇、被玷污，人与人友善相处、祥和安宁的社会氛围可能荡然无存，社会的和谐与文明也可能无从谈起。

无疑，我们需要多元的宽松的生活空间，现代社会的发展趋势也在给无数的个体提供愈来愈自由的选择空间。但是，多元不等于可以为所欲为，宽容也不等于丧失底线。在人与人构成的社会生活中，一些共同的价值取向是不容扭曲的。如果我们缺少了对尊严的呵护，缺少了对正义的尊崇，缺少了对责任的担当，缺少了对光明的追求与对

理想的忠贞，那么难以想象，我们的社会将变成什么样？

清除恶俗、抵制恶俗，当然要靠法律的完善、道德的规范、舆论的引导及教育的熏陶。同时，抵制恶俗，我们人人有责。因为，只有无数个体的克制、节制、有所追求、善恶明晰、是非分明，才可能共同构筑起一个充满生机、健康、文明的社会肌体。

（原载 2006 年 8 月 31 日《工人日报》）

第五篇　文化家园

假如所有的城市全都“千城一面”，假如所有的传统节日全都取消，假如所有的物质和非物质的文化遗产全都拆毁，假如所有的国学书籍全部烧掉，那么，我们还剩下什么？我们与数千年传统文化的“脐带”联系何在？我们黑头发、黄皮肤的文化基因何在？

“毁真文物，建假古董”：真糊涂还是装糊涂

在 GDP 冲动下，在“政绩”的渴求下，在经济利益的驱动下，对不起，“功在当代，利在千秋”的文物保护只能让路。

正当我们为登封“天地之中”历史建筑群和“中国丹霞”地貌双双进入“世界遗产名录”而欣喜之时，不时传来的拆毁珍贵文物的新闻，则让人心情沉重起来。

河南博爱县，距今 3 万年前的六堆寓旧石器文化遗址，省重点文物保护单位，遭到采矿者的毁灭性破坏；江苏镇江，对于大运河申遗和大运河文化遗产保护具有重大意义的宋元粮仓被强行拆毁，开发商在遗址上建设大型商住楼盘；云南大理，为了建一条公路，拆掉了一段重点文物龙首关唐代城墙。还有一些古城拆四合院、拆名人故居的事，不时引发舆论争议。

这边是“真文物遭殃”，那边是“假文物吃香”——一些地方不惜投巨资建造仿古建筑、炮制“假古董”。“金瓶梅公园”，“孙悟空故里景区”，“中华文化标志城”，创意一个比一个雷人，打着“文化搭台、经济唱戏”招牌，争抢名人故里，甚至将非历史真实人物“坐实”本地。还有一些地方，仿古建筑粉墨登场，几间青砖飞檐的建筑堆在一起，找些服务员穿起古式衣裙，即挂出“古文化一条街”的牌

子。不伦不类的创意，不尴不尬的“文化”。

“毁真文物、建假古董”，当事人是真糊涂还是装糊涂？

如果说若干年前，还可能有人对文物保护意义认识不足，那么今天，这样的解释就过于小儿科了。眼前的例子，我国刚刚有两例遗产进入“世界遗产名录”，大小媒体纷纷报道，当事各方欢天喜地。谁都知道，这样的好事会大大提升当地知名度，旅游业也会因此而兴旺。

说白了，“毁真文物、建假古董”的实质，是相关管理者“揣着明白装糊涂”——在 GDP 冲动下，在“政绩”的渴求下，在经济利益的驱动下，对不起，“功在当代，利在千秋”的文物保护只能让路。毕竟，那要投入，且耗时不短，一个任期内未必见得着回报。于是，也就顾不得什么公共利益，顾不得子孙后代的利益了。

相反，大拆大建，城市面貌几年内即可焕然一新，无论是把城市黄金宝地交给开发商开发，还是上大项目，包括建假古董，当地财政都不愁滚滚财源，自己的“政绩”上也可大书特书一笔——名利双收的事，何乐而不为？

归根到底，是某些政府部门对文物保护的履职不到位。文物保护是政府的责任，但却很少听说文物保护做得不好而被追责甚至下台的官员，也从没听说有哪个官员因文物保护做得出色而得到奖励重用的。在公众眼中，文物保护的责任似乎更多写在文件上，真正落实在官员肩头的分量很轻很虚。

如果说之前，人们还以为，有专家的建言，有媒体的呼吁，有公众的压力，开发商总不会闹得太出格，但镇江、博爱县开发商毁坏文物之事则在提醒我们，不可低估了某些人的“勇气与魄力”。为了利益，他们可以不顾公众的压力，可以不顾子孙后代的骂名，“头顶的星空和心中的道德律”在这些人身上不起作用。一旦他们为所欲为，其后果最终往往要由全社会来承担。而这才是最为可悲的。

几天前，国家文物局局长单霁翔在一次演讲中举例提到，苏州因上个世纪90年代初修建干将路，将千年古城拦腰截断，使得苏州失去整体申报世界文化遗产的机会——这样的教训，不该让人警醒吗？不把老祖宗留下的珍贵文物当回事、想拆就拆的闹剧，不该一再刺痛我们的神经了。

（原载2010年8月6日《工人日报》）

城市家园：何时远离浮躁与喧嚣

一味的破旧立新，大拆大建，有多少急功近利、好大喜功的成分？旧城改造就是“房拆光、树砍光、人搬光”？现代化就是千城一面的“国际风格”？

我们身边的诸多城市正以前所未有的速度“旧貌换新颜”。当我们沐浴在日臻现代化的城市图景之中，享受着日趋便利的城市生活时，城市建设中的某些浮躁、喧嚣、盲目、失衡与无序，也让我们的城市家园缺失了以人为本的底色。比如，劳民伤财的“形象工程”，急功近利的规划调整，寅吃卯粮的圈地运动，脆弱资源的过度开发，盲目布局的基础设施，任意肢解的城乡规划等等，都使得我们的城市家园充斥不和谐之音。

其一，城市建设速度是不是越快越好？一味的破旧立新，大拆大建，其中有多少急功近利、好大喜功的成分？

曾有报道，全国600多个城市中，竟有183个城市提出建设“现代化国际大都市”的目标，而国际大都市是一个涉及经济、社会、文化指标，标准非常高的城市概念，当今世界公认达到标准的只有伦敦、纽约、东京等少数几个城市。在我国这样一个发展中国家，183个城市要建成“现代化国际大都市”，实在荒谬可笑，难怪被建设部高官斥为“不切实际，劳民伤财”。

城市建设盲目求快，北京的很多四合院和历史文化街区甚至没有留下能够测绘和鉴别的时间，就被推土机推倒消失了。一些官员为了追求升迁，大搞劳民伤财的“政绩工程”，令地方财政债台高筑。有些城市盲目追求高层建筑、玻璃幕墙、大马路、立体交叉，而不肯在城市基础设施上下大功夫，百姓出行难，缺少文体活动场所，小街小巷环境脏乱差。

一个城市的面貌是历经千百年的社会变迁和人文历史积淀形成的，不可能在三五年内彻底改头换面、脱胎换骨。城市建设必须高度重视城市规划，因地制宜，充分考虑自己的财力物力，不能急于求成，急功近利，切忌贪大求洋，盲目攀比。

其二，将城市发展与传统风貌的保护对立起来，甚至认为现代化就是一个破旧立新、推陈出新的过程。盲目追求城市之大、之新、之洋，热衷于建设标志性建筑、大广场、宽马路、景观房产。盲目进行旧城改造，“房拆光、树砍光、人搬光”，使城市历史文化街区、城市风貌遭受灭绝性毁坏。有数字显示，北京的胡同正在以每年数百条的速度消失。

大拆大建的开发力度，如同“洗脑”一般，使人们对城镇历史记忆的文本解读化为乌有，造成人们对都市建筑空间本身形态所传达的城市人文意象的“失忆症”。

老城区是城市之根、文脉之本和风貌特色的基本组成部分。人们认识老北京，除了天安门、北海、故宫之外，主要是通过它的胡同和四合院来理解北京的居住文化。同样，人们认识上海，除了国际饭店、跑马厅等之外，主要是通过它的里弄和石库门。也就是说，在城市的标志性建筑之外，每个城市中的林林总总的普通建筑即母体建筑，始终潜隐于人们的头脑里。如果一些大城市把自己原有的值得骄傲的母

体群统统拆光，留下几栋标志建筑，且不说城市功能的失衡和破坏，就是在可读性上，也会变得枯燥无味。

一个国家、一个民族、一个城市，不论是富是穷，都需要一种文化的凝聚力。我们所要建造的应该是中国人自己的城市文化家园，而不是所谓的“麦当劳化”的世界公园。正是北京的四合院和胡同，上海的石库门和里弄，巴黎的庭院，彼得堡的河边住宅，莫斯科的小街，才给这些城市带来了自己独特的性格。而北京的故宫，上海的南京路，巴黎的香榭丽舍，彼得堡的冬宫，莫斯科的红场，这些标志都脱胎于这些母体。

一些成功经验启示我们，保持历史特色与追求现代并不矛盾，如在旧城之外寻求新的发展空间，或对传统建筑内部的设施做现代化改造，以解决当地居民生活问题等等。

其三，将现代城市的标准设定为唯一的，把城市现代化误认为是追求一种所谓的国际风格。从南到北，充斥所谓的“欧陆风情”、“罗马廊柱”，大广场、宽马路、大草坪席卷各地，城市建设越来越雷同、单调，千城一面。尽管在“9·11”事件之后，不少国家对超高建筑的安全性多了些担忧，可在中国，“第一高楼”的建筑竞赛则在加速。

在城市总体布局上，是选择以美国为代表的“闹市中心—远郊区独户住宅—小汽车交通”模式，还是以欧洲为代表的以高速公路连接的综合性“中心城市”和“中小城市系列”的模式，还是以澳洲为代表的“中心城市加卫星城”的模式，或我国香港地区独特的“闹市中心—远郊区集合居住小区—公共大交通”模式，或者选择其他模式，都必须考虑本地经济文化的现实条件。

其四，城市建设是以人为本，还是以形象为本、以道路为本？

在闹市区，除了饭店和商店之外，几乎没有多少公共空间可供市民自由行走、停留、休息；过宽的街道和广场的设计尺度，表现出一种对人的冷漠；城市绿化被简单理解成铺大草坪，甚至砍了树林种草坪，让行人晒太阳，这无疑是忽视了城市绿化应“点线面结合”的规律。

还有不少城市的设计仅仅关注重点地段、标志性地段、滨水地段，忽视广大群众日常生活的居住区。只有宿舍而没有住宅，只有街道而没有社区。人和建筑、人和街道、人和社区之间缺乏一种有机联系。居住区的环境“开发没商量”，不考虑居住者是否舒适、安静、宜人。

城市道路盲目迎合小轿车的交通需求，建造超宽的大马路、立交桥，不分青红皂白地拓宽机动车道、砍伐行道树、取消自行车道、限制电动车和小排量汽车。

有的城市规划陷入走火入魔的唯美标准，见物不见人。巨大的草坪、巨大的景观大道、巨大的城市广场，使城市变得越来越令人无法亲近、越来越陌生。许多广场不是以市民的休闲活动为目的，而是把市民当作观众，让广场本身或广场上的雕塑或广场边的市府大楼成了主体。广场以大为美，以空旷为美，以不准上人的大草坪为美，以花样翻新、繁复的几何图案为美，以大理石和刨光花岗岩铺地为美，而不考虑人的安全与感受。

城市，人类文明发展的重要标志；城市，我们享受生命与欢乐的家园。我们期盼的宜居城市，应该远离浮躁与喧嚣，应该浸润以人为本，为广大居住者提供文化认同和文化归属，充分体验家园的宁静、宜人、体贴、温暖、可亲与和谐。

（原载《中国质量》2007 年第 3 期）

只盯着 GDP，自然顾不上古迹保护

如果还是哭穷，如果眼睛还是只盯着一两年的 GDP，则显得过于急功近利，说不过去了。换句话说，今天，我们应该有底气和实力更多地为后人着想了。

一南一北，涉及旧城改造与历史文化古迹保护的话题，再度成为新闻。一个是在北京，梁思成林徽因故居被部分拆除；另一个是在南京，老城南的拆迁在大规模推进。尽管两地的拆迁均被暂时叫停，而其未来命运如何，人们依然忧心忡忡。

时下，有两种不同的景象同时存在：一种是一些地方在绞尽脑汁借历史名人之势，打造旅游热点，甚至不惜让神话传说中的人物“下凡”人间，给其找个“出生地”，以拉动当地旅游业的发展。另一种，在一些文化古城，名人故居等文化古迹似乎并不招人待见，有时甚至显得“碍手碍脚”，在大规模的旧城改造中，“推平头式”的拆迁可以在几分钟内终结数千年数百年古迹的生命。

保护文化古迹，“没钱将拥挤的住户从古迹中搬出”，几乎是各地一致的“难处”。即使不打算从旧城改造中赚钱，一些地方政府也并不打算为此掏钱，于是，同时想到了开发商。

而在无利不起早的商人眼里，文化古迹上的建筑，“古砖没人要，木头也难找到买家，一块瓦也只能卖四五分钱”，即那只是一块“地皮”而已。而这，“无异于将传世字画当做‘纸浆’，将商周铜器当做‘废铜’来使用”。

热衷于出国游的人都有体会，游客千里迢迢到异国他乡，想看的，不是那刚盖起三五年随处可见的摩天大楼，而是那里数千年数百年前留下的遗迹，那是独一无二的历史叙述。“每一座名人故居都和一位或几位历史伟人联系在一起，都有一大堆故事，这就是文化。那房子表面看似很破、很旧，但它是宝。掸去尘土，它会闪出耀眼的金光。”舒乙先生在《名人与故居》一书中这样说。

然而，当分不清责任的时候，城市发展与文物保护一直是一对难解的矛盾。正如一位从事文物行政管理的官员所说：不同意拆除文物，就是不按领导的意思去做，得罪领导；按照领导的意思去做，拆了文物，得罪了社会，昧了良心——要跳出这样的两难困局，不能指望开发商的“觉悟”，而更应要求城市管理者具备这样的理念及长远眼光，即保护文化古迹是政府的责任，该由政府承担的责任不能推给别人。

今天，不少地方已经具备了不同以往的实力，拥有了相当的“家底”，不缺那一两个小钱了。如果还是哭穷，如果眼睛还是只盯着一两年的 GDP，则显得过于急功近利，说不过去了。换句话说，今天，我们应该有底气和实力更多地为后人着想了。当然，其前提是决策者能站在对历史负责的立场，而不是站在开发商的立场。

在城市建设等领域，我们见惯了争分夺秒，“一年一个样儿，三年大变样儿”。对其隐患，往往视而不见。对于一旦决策就可能铸成无法挽回局面的事，对于那些因为今天的草率而可能给后人留下极大遗憾的事，我们为什么不可以把脚步放慢一些，让更多的理智声音参与社会治理，从而找到更稳妥的方式？

这话对于那些一心想要在三五年内出政绩的人，可能很不顺耳。

所以，我们需要制度支撑。比如，文物保护单位的认定要与时俱进，保护方式应更加多元化等。更重要的是，对那些肯为历史负责的官员要有制度性的鼓励，即将文化古迹的保护纳入干部政绩考核范畴之中。

北京，被美国建筑学家称为“在地球表面上人类最伟大的个体工程”。这份荣光属于我们的先人。而能否使这份荣光延续下去，则是今人的责任。其他地方的古迹保护也是同理。我们有没有信心立下这样的誓言：50 年后，历史将证明我们的决策是对的。

（原载 2009 年 7 月 17 日《工人日报》）

假如没有了传统节日……

假如没有了这些传统节日，我们一年365天的日子可能变得平平淡淡，没有起伏，没有韵味，没有亲情的寄托，没有喜庆的激情，没有对生命的感恩，没有对未来的期望。

“过年只剩下吃饺子、看春晚”，“元宵节只剩下吃元宵”，“中秋节只剩下吃月饼”……逢年过节，很多人没了兴奋感，纷纷抱怨“没劲”，节日变成了“不过是放几天假而已”，传统节日独特的文化色彩所存无几。与此同时，不少年轻人热衷于过“情人节”、“圣诞节”等洋节。

于是，有学者提出“保卫春节”，“启动春节申遗工程”，“端午节申遗”，“抵御洋节”等。近年两会上，屡有代表委员提出“将除夕、中秋节、清明节等传统节日纳入国家法定假日”，认为清明扫墓祭祖、中秋阖家团圆，传统节日在增强中华民族凝聚力、弘扬民族精神方面，起着重要作用。

产生于农耕时代的传统节日，对于今天的人们来说，还有多少现实意义？假如一年365天中没有了这些传统节日，我们的日子会变成什么样？

假如没有了这些传统节日，我们可能会少了诸多节俗之乐。比如，

中国人最看重的春节，人们要祈祷新年五谷丰登、人畜兴旺、快乐平安，要贴春联、挂年画、耍龙灯、舞狮子、拜年贺喜等。元宵节要吃元宵、观花灯、放焰火、踩高跷、扭秧歌、荡秋千等。清明节正值天气转暖，草木复萌，人们以祭祖和扫墓为主，顺带踏青、放风筝、欣赏春光，既表达对先人的怀念、对祖先的崇拜，寄托孝道，也可以感受大自然的勃勃生命力。中秋节，人们要赏月、祭月、吃月饼，期盼家人团聚，寄托对生活圆满、家族共存的美好愿望。端午节，民间有带香袋、吃粽子、赛龙舟的习俗，大多与纪念文学家屈原有关。重阳节，秋高气爽，风清月洁，各地有登高望远、赏菊赋诗、喝菊花酒、插茱萸等习俗，表达对老人的尊敬和爱戴。这些节俗给世世代代的人们增添了无尽的生活快乐与体验，至今，在我国的不少地方还有或多或少的遗存。

假如没有了这些传统节日，我们可能吃不到过年的更岁饺子、年糕，品不到正月十五的元宵、中秋的月饼、端午节的粽子、重阳节的重阳花糕和菊酒、冬至的馄饨等等与特定节日背景相联的节日美味。我们的一日三餐可能会变成机械性的菜谱轮换。

假如没有了春节，我们可能没有了节前行色匆匆的人潮，没有了千里奔波赶回家品尝那顿年夜饭的期待与兴奋，也少了阖家团圆的喜悦；假如没有了清明节，我们可能少了祭祀先人的机会，少了体会岁月更迭、时光流逝的心灵沉静；假如没有了中秋节，我们可能也没有了赏月、拜月、赏桂的雅兴；假如没有了重阳节，我们可能少了向老人、先辈表达敬意的机会，老人们可能也少了儿孙满堂、人生无憾的欣慰。

假如没有了这些传统节日，我们可能领略不出流传千古、脍炙人口的诸多优美诗篇和美好传说的意境。这些与特殊节日相联的文学作品记录着古人丰富而敏感的内心世界，让我们无论什么时候读到它们，

都屡屡产生源于生命的感动与美的享受，体会到很多与先人共鸣的情感，并在共鸣中使我们的生命更为丰满、细腻和多彩。王安石的“爆竹声中一岁除，春风送暖入屠苏；千门万户曈曈日，总把新桃换旧符”，如果离开了元旦的文化背景，就失去了岁月更迭、憧憬未来的韵味。苏轼的“人有悲欢离合，月有阴晴圆缺，此事古难全。但愿人长久，千里共婵娟”的诗句，如果离开了中秋节的背景，其对人世离多聚少的慨叹以及期盼家家团圆的味道就会淡了很多。白居易的“乌啼鹊噪昏乔木，清明寒食谁家哭。风吹旷野纸钱飞，古墓垒垒春草绿；棠梨花映白杨树，尽是死生别离处；冥冥重泉哭不闻，萧萧暮雨人归去”，更是令人眼前如现清明墓祭的凄切之景。还有王维的“独在异乡为异客，每逢佳节倍思亲。遥知兄弟登高处，遍插茱萸少一人”，如果离开了重阳节的背景，则难以衬托那沉甸甸的思乡思亲之情。再如杜牧的“银烛秋光冷画屏，轻罗小扇扑流萤；天街夜色凉如水，卧看牵牛织女星”，如果离开了七月初七的七巧节，离开了牛郎织女的美丽传说，后人可能不知所云。

假如没有了这些传统节日，我们可能会少了诸多伴随节日而产生的民间艺术。最普及的要算至今许多人家过年都要张贴的春联，其前身叫“桃符”，是用桃木板制成，其上并不写字，而是画神荼、郁垒的画像，用意是驱鬼辟邪。纸制的春联是明清兴盛起来的，除了传统的贴在门框的对联外，增加了门楣上的“横批”，构成了现代完整的春联。当今的春联意在渲染年节气氛、祈福求祥，淡化了旧时的驱辟之义。再有打灯谜也与节日有关且流传至今。据《春谜大观序》载，“旧籍相传，宋仁宗时……上元佳节，金吾放夜，文人学士相与装点风雅，歌颂升平，拈诗成谜，悬灯以招猜者。”由于灯谜有一定的文化蕴涵，颇能撩人兴致、启发智力，后世便得到长足发展，成为各地元宵节的重要节俗活动。《红楼梦》中多次写到贾府的姑娘媳妇猜谜，宫

里的元春还在元宵节特地差人送个灯谜让众人猜。当代，打灯谜除盛行于元宵节之外，还常出现在新年等节俗活动中。此外，天津的杨柳青年画、自贡的宫灯等也都与传统年节结下不解之缘。

假如没有了这些传统节日，我们一年365天的日子可能变得平平淡淡，没有起伏，没有韵味，没有亲情的寄托，没有喜庆的激情，没有对生命的感恩，没有对未来的期望——今天与明天、与昨天没有区别……

不仅如此，节日文化更是一个民族精神和情感传承的重要载体。假如没有了这些传统节日，我们会少了同族同根的身份认同。每逢春节，全世界不少地方的华人会舞狮子、放爆竹、贴春联、穿新衣，欢欢喜喜过大年。一些国家还一直在热闹而隆重地过端午节，中秋节，甚至还在过我们很多人几乎已忘记的“七夕节”、“中元节”（也叫鬼节）等。海外华人把欢度这些节日当做寄托民族感情、体验民族认同感的机会。

传统节日蕴含了炎黄子孙血脉相连的乡土情结和亲情情结，正所谓“每逢佳节倍思亲”，是中华民族宝贵的文化遗产，是我们的根。在告别传统社会、步入现代社会的门槛时，我们不应当丢失往日的记忆，不应该忘记回家的路。

（原载2007年4月6日《工人日报》）

跟世博一起穿越历史憧憬未来

精巧的创意、奇妙的发明、珍贵的文物、多元的文化，会让人们感受到，在世博会这个交流和对话的平台，文化多元共享的魅力，世界和平与发展的希望。

上海世博会，这场荟萃人类文明成果的盛会，盛装迎接各国宾客。

百年的期盼，8 年的筹备，上海世博会展现给世人的，会是一场怎样的文明盛宴？

有直观的惊喜，也会有值得细细品味的东西。

走进 5.28 平方公里的世博园，新奇的场馆建筑总是吸引来宾的目光。传统中式建筑斗拱式样的中国国家馆，由 15 棵形态各异的“树”支撑的挪威馆，“柳条编织的篮子”的西班牙馆，状若蚕宝宝的日本馆，还有蒲公英造型的英国馆……从 1851 年英国伦敦世博会建造的著名建筑“水晶宫”起，世博园内即成了各国建筑师展示才华、展示本国风情的竞技场。最新建筑工艺的运用、全新的设计理念，记录着每个时代的科技进步成果。

还有轻易不出国门的“国宝”，丹麦的“小美人鱼”，卢森堡的“金色少女”等，纷纷莅临上海世博园。加上国内敦煌石窟的木雕六臂观音像、中国历史博物馆的说书俑等，330 件海内外顶级珍宝纷纷

在世博园一展芳容。还有各国艺术家的歌舞表演，“欢乐盛装大巡游”，将世博园打扮成各国民族艺术的展示舞台、一个欢乐的海洋。

“多么浩大，多么辉煌，多么震撼人心。每个人都会热爱这一切。欢呼声、每张脸上洋溢的笑容、建筑的宏伟、棕榈树、鲜花、雕像、喷泉、乐器……确实让人感动，永远值得纪念”，1851 年首届世博会上，英国维多利亚女王的日记至今令人激动不已。之后，摩天轮转盘的出现，迪斯尼乐园的应运而生，都显示了世博会的另一种功能——满足人类本性深处隐藏的欢庆节日的愿望。

而更多需要我们用心去品味和体会的是什么呢？

穿越历史——历届世博会带给人类生产生活的巨大改变，其“激发人类活力、进取心和智慧”的内在品质，需要我们用心去体会。那舔着蛋筒冰淇淋的孩子，品尝着爱意浓浓的巧克力的情侣，在餐桌上喝着热乎乎麦片粥的人，可能不会想到，他们爱不释口的美食，有的就诞生于世博会，有的是借世博会一举名闻世界。电梯、电灯、电话、电影、蒸汽机、发电机、飞机等，一个个令人激动不已的发明，正是借世博会名扬天下。还有大卖场、度假村、知识产权保护等，也都是由世博会起，深刻改变了我们的生活方式。这就是“一切始于世博”。

美国前总统威廉·麦金说过：“每一届世博会无论规模大小，都使人类文明迈上一个新的台阶。各种思想的相互碰撞总能给人以启迪，使人类的大脑更充实，双手更灵活。接踵而来的是友好的竞争，它是产业进步的动力，是发明创造及人类活动各领域所作努力的灵感源泉。”

观照现实——各展馆工作人员在热情向四方来宾介绍本国家或地区的先进技术与产品、民族传统与文化特色。精巧的创意、奇妙的发明、珍贵的文物、多元的文化，会让人们感受到，在世博会这个交流和对话的平台，文化多元共享的魅力，世界和平与发展的希望。

憧憬未来——159 年来，世博会始终在回答人类文明在坎坷进步中无法逾越的一系列课题，直面人类社会不同历史发展阶段的矛盾与困境。今天，面对国际金融危机、气候变化、贫富差距、能源和粮食安全、核扩散等一系列全球性挑战，全人类又该如何携手应对？

此外，世博会带来的知名效应，将实质性地推进城市繁荣，为举办城市注入前所未有的自信心和荣誉感；将为举办国的国民打开眼界，触摸世界，启迪一代人的思维；将世界各地的人们集合到一起，共享关于未来的美好愿望，增进理解和宽容，为人类多样性而骄傲……

让我们跟世博一起穿越历史，观照现实，憧憬未来。

（原载 2010 年 5 月 5 日《工人日报》）

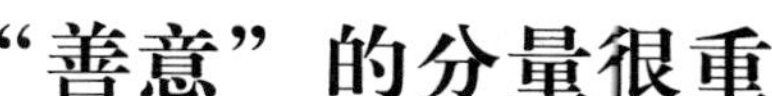

“善意”的分量很重

我们将尊重与体谅送给对方，以更打动人心为追求境界而不止为吸引眼球时，善意的力量将在我们周边升起，那是春暖花开的季节。

据近日《解放日报》报道，央视主持人张越在一次文化论坛上讲到“坚持媒体的善意”，提到在山里采访一位农村妇女，问这位妇女平时看电视吗？对方回答很少看，有些节目不敢看，因为看看人家都活成那样，就觉得自己不配活着。张越感慨：我们的个别媒体怎么会势利到这种程度，让生活中那些有痛苦的人觉得自己如此失败，宣扬虚假的、光鲜夺目的所谓成功，吓坏了老百姓。

张越解释她主张的“媒体的善意”不是指客气，不是满脸堆笑讨好所有受众，而是指人内心的诚实、诚恳、负责任、担待和体谅，是指面对世事的理解、面对生命的尊重和面对生命之上更高准则的敬畏。

比起“媒体的善意”来，我们常说“媒体的操守”。二者相比，“操守”是更操作层面的，容易总结出个一二三的条条框框来；而“善意”的内涵更博大更深远，很难量化，它往往要靠媒体从业者用心去领悟。

时下，收视率、发行量越来越成为决定媒体生存的标尺。而如果判断媒体影响力的只是收视率、发行量冷冰冰的数字，如果精神产品的东西能这么简单地量化，这事很令人担忧。因为量化标准往往会滤掉更本质、更深厚的东西。

饥饿的老鹰尾随奄奄一息的女孩，一张照片成就了一位普利策新闻摄影奖获得者的盛名，但同时他也不得不面对持续不断的道德拷问与谴责。灾难当中，记录新闻是记者的职责，但这种记录过程中，有一种力量不可缺失，那就是善意，对生命的尊重与敬畏。

当个别媒体将死难者的遇难场景，或一些血腥残暴的场面，不加处理地呈现给受众后，很可能将某些恶的东西埋进某个角落，它们可能会成为定时炸弹，不定在什么时候遇到某种刺激时引爆，而没人追究媒体的直接责任。但这不等于说媒体就不应该在道义上承担责任，至少，它没有力图传达给受众对生命的珍视与尊重。这样的媒体离善意很远。

当个别媒体围着刚刚遭受重大灾难与心灵创伤的当事人，让当事人一遍遍复述惨痛经历的时候，没人注意到当事人正在经受第二次伤害。这样的媒体无善意可言。

当个别媒体将闪光灯和溢美之词纷纷对准获胜者时，站在领奖台下的失利者被冷落一旁，甚至被冷言冷语包围。这样的媒体所传达的，是“只能成功不能失败”的“丛林法则”。而这样的“丛林法则”离善意的距离很远。

当个别媒体津津乐道于某些腐败案件的情色细节时，可能满足了少数人的窥阴之好，也拉升着报刊的阅读率，但这种对严肃社会问题的娱乐化处理，转移着公众对问题的实质性思考，同样无善意可言。

当个别媒体将一些鸡零狗碎的话题放大放大再放大，热衷八卦，捕风捉影时，堆出来的不过是文字垃圾。这是对受众才智的一种蔑视，同样无善意可言。

当个别媒体对当事人的原话断章取义、以求一鸣惊人的时候，其

实是在有意无意地引导一种争执、吵闹、对立、矛盾的社会心态，这也难称得上善意。

“善意”二字的分量很重。它与收视率、发行量并不直接相关，与奖金、名声等距离更远。它只与我们内心深处的良知相通。我们相信，当媒体将镜头、话筒及笔端对准被采访者，同时能将尊重与体谅送给对方时；当媒体以更打动人心为追求境界而不止为吸引眼球时，善意的力量将在我们周边升起，那是春暖花开的季节。

（原载 2008 年 12 月 4 日《工人日报》）

刷在墙上的那些叫“标语”的字

“养女不读书，不如养头猪；养儿不读书，就像养头驴！”把孩子跟猪、驴放在一起，是体恤动物，还是爱护孩子？

此文所说的标语，不包括个别人兴致所至，拿把刷子或根粉笔，在当街墙上涂鸦泄私愤“××死光光”之类，而仅限于由相关工作人员为宣传某项利国利民政策，规规矩矩书写在公共场合墙壁之上，且经精心策划与编辑，并多少讲究些字体整齐与美观的口号，地域以乡村为主。其中，透出不少特色国情。

“要想富，少生孩子多××”的标语，各地有多种版本，足见致富奔小康深得民心。“要想富，少生孩子多种树”，据说是山西版本，当地百姓的绿化意识难能可贵；“要想富，少生孩子多养猪”，据说是北京郊区的版本，显示北京农民比较务实；“农村想不穷，少生孩子养狗熊”，据说是东三省版本，还是东北人豪气冲天，养的东西都厉害。如果不太在意将孩子与其他动物放一起说，似乎也挑不出人家这标语的毛病。和谐社会包括人与自然的和谐，人少了，别的动物、植物多了，可能也不是坏事。可见标语染有时代色彩，记录乡土风情。

标语还映射社会焦点。计划生育最令村干部头疼，标语也就无所不用其极。以集体的力量说事的，有云南某农村“一人超生，全村结

扎”；山东一国道“一人结扎，全家光荣”——似乎还要敲锣打鼓戴红花不成？用形象的声响来造势的，有四川某山村：“一胎生，二胎扎，三胎四胎，刮！刮！刮！”这无论如何都与和谐社会不对路。

标语，显示村官乡官气壮如牛、无法无天的“胆量”。比如，“放火烧山，牢底坐穿”写在贵州施秉，继又出现在其他省份，有学者较真，“这明显和《刑法》法条相悖，根据我国《刑法》第114条和第115条对纵火罪的描述，依据行为造成的后果是否严重来确定量刑程度，最少3年有期徒刑，最高死刑”，只怕标语创作者未必晓得还有个《刑法》管这事。在河北有标语“武装抗税是非法行为”，推理下去，似乎“和平抗税”就是合法的？山东济宁公路旁某乡镇挂出巨型横幅“集体上访违法，越级上访可耻”，似有以一己之好恶解释法律、误导百姓之嫌。

某些标语制作者眼中，似乎处处皆异类、顽民，不高压，不足以威慑。如黑龙江为招商引资，“谁侵犯投资者，谁就是人民的罪人”——颇有几分“文革”遗风。

标语多少讲究创意、对仗、时尚。比如，“今天，你税了吗？”考验观者的联想能力和对税收政策的熟知程度。若是不识字的，听别人口中念出这句，难免会有所不解：当官的还管俺睡觉的事？湖北某火葬场门口：“经济搞上去，人口降下来”，话不错，可地儿不对。浙江一座尼姑庵墙外：“偷税漏税，来世罚做尼姑”，连来世因果报应都用上了，也算用心良苦，只是不太尊重信教者。人家陈晓旭，可是自个主动去做尼姑的，似乎没把这视为一种“罚”。为普及义务教育的标语，“养女不读书，不如养头猪！养儿不读书，就像养头驴！”把孩子跟猪、驴放在一起，是体恤动物，还是爱护孩子？

有资格拟定标语的，自然是官而非民。那么，回到那个问题——重要的是教育群众还是教育官员？或先教育官员再教育群众？

有些标语自然未必是给群众看的，上面布置任务下来，总要有些动静。张贴标语，来得快捷，立竿见影，壮大声势，对上对下都好交待。

标语无罪。

刷在墙上的那行字，映射民生民情，也见证“官生官情”，用句规范用语即“反映执政理念”。如冷冰冰的“坦白从宽，抗拒从严”，已悄悄退出上海不少看守所，被名人名言及装饰画替代，没人说这种人性化管理不利于被看守者的改造。深圳一家派出所挂出“坚决打击河南籍犯罪团伙”的标语，立即招致河南人民的“同仇敌忾”，非河南人民也反感这种地域歧视——上海、深圳的事代表不了中国法治的进程，正如各地农村标语也反映不了中国社会的全貌，一个道理。

当城里人越来越把兴趣放在广告上而不是标语上时，乡村标语的式微应该也只是个时间问题。

（原载 2007 年 6 月 1 日《工人日报》）

最动人的不是风景

那些名人故居，如果不是出入其中的人的生命轨迹曾经影响了更多人的生命轨迹，也不过是一堆朽木和砖瓦而已。

一直对鼓浪屿有种莫名的向往，想象着那里的海风、琴声、大榕树一定与别处不同，想象着小岛繁华街区不见一辆机动车的样子。

“我如果爱你，绝不像攀援的凌霄花，借你的高枝炫耀自己……”《致橡树》作者舒婷的家乡即鼓浪屿。一本《真水无香》自言自语地讲述着“我的生命之源——鼓浪屿”的陈年旧事。

那欧陆经典的幢幢洋房，在作者眼里，处处有着生命的呼吸，甚至一猫一狗，一朵太阳花。而我更关注的不是作者婆家娘家的往事，而是这岛上何以生长出独一无二的人文气质，是什么样的海风让这里的琴声悠扬，它曾经发生了什么样的事，生在这里的、来过这里的，都留下了什么，又带走了什么……

协和医院第一位中国籍女主任林巧稚；解放前红极一时的花腔女高音颜宝玲；为陈寅恪晚年做助手的名门闺秀黄萱……作者没有津津乐道于名人的奇闻逸事，而是在寻找一种踪迹，一种解读这座岛屿独特人文气质如何修炼而成的踪迹。

“我熟悉并经常怀念的这些鼓浪屿的老人，当然不是完人。在他们优雅光鲜的生活方式背后，隐藏着相当突出的性格弱点：比如清高自赏，拒绝融入时代大潮，多数家族因此式微衰败，很难再创辉煌；比如脆弱纤细，经不起风吹雨打，小事忍耐大事逃避，对宗教的绝对虔诚，导致对现实的无奈顺从；又比如往往过于谨小慎微，显得自闭和落伍，常常有拿不起放不下的优柔寡断。”在作者笔下，这样的人文气息飘浮在空气中，似隐似现，混杂着海面上吹来的海风，丝丝缕缕，迷散在远去的历史空间，留给今人的多是怅然若失。

至于那鼓浪屿的琴声，“鼓浪屿的音乐环境追溯起来，除了地域上的优势：亚热带海岛风情，薪火相传的闽南千年古乐，以及相对富裕的归侨生活方式之外，主要得益于它的宗教氛围，或者说西方文化精华部分的渗透”——归结为宗教的力量，也许算到头了。

钢琴，在不少人家已不算稀奇。望子成龙的家长们，尽管日子并不宽裕，也要比赛似的将硕大的钢琴搬回家中，逼着不谙世事的小儿小女叮叮咚咚地敲将起来，“艺术特长”、“贵族气质”之类的憧憬在家长们胸中荡漾。若干时日过去，似乎没有几个城市由此出落为远近闻名的琴城，那急忙忙搬进家门没几年的钢琴似乎改变不了一座城市的风韵，叮叮咚咚的琴声也掩盖不了不远处新开楼盘传来的电钻声。世俗的力量看来总是要弱些。

一处老房子内，总是少不了上演几出老故事的。那些名人故居，如果不是出入其中的人的生命轨迹曾经影响了更多人的生命轨迹，也不过是一堆朽木和砖瓦而已。人们之所以要一次次走进名人的老房子，不过是想把记忆深处的东西唤醒，弄明白自己怎样从昨天走到今天，又将怎样从今天走向明天。

每次翻看老照片，旁人眼里，不过是一座湖、一座桥而已，只有曾身临其境的主人公才会看到那湖、那桥之外的风景，忆起当时在湖边、桥上曾与相识或不相识之人的谈笑。

看了余秋雨先生的《一个王朝的背影》，再到承德的人，眼中的外八庙、避暑山庄、木兰围场，应该不只是一处处观光的风景，更有逝去的清王朝曾经的人和事的闪动；还有那篇《天涯故事》，读过之后，对海南岛的印象就不再只有海风、椰树和“天涯海角”，还有这片一度荒凉的岛屿上留下的若干历史印迹。如南北朝时期，一位人称“冼夫人”的女人曾跨上战马，驰骋四方，成为南粤和海南岛很大一部分地区最有声望的统治者；还有诗人苏东坡，即使在流放海南期间，依然不改豪放本色，逍遥得连回家之路也时时丢到脑后，留下可爱的诗句“半醒半醉问诸黎，竹刺藤梢步步迷。但寻牛矢觅归路，家在牛栏西复西”。

看来，最动人的不是风景，而是那里的人和事。

（原载 2009 年 8 月 21 日《工人日报》）

“国学热”的若干思考

“国学热”的出现，有望促使人们对中国历史和文化有更多的了解，但如果寄希望于国学担当更多的“救世”责任，希望通过复兴国学解决中国的一切问题，则不现实。

“国学热”可谓持续升温——从有大学开办国学院、国学讲座，到接连出现的国学短信、少儿读经班、“孟母堂”、国学博客圈，以及汉服热、成人礼的兴起；放大到国际背景，从全球联合祭孔，到孔子学院在不少国家纷纷建立，以及汉语热在世界范围的升温等等——所有这些都引起了学术界和媒体的强烈关注，引发了如何重新评价儒教与传统文化、传统文化在现代中国的地位及作用、当代中国是否需要“重振国学”、“重振国学”该如何接续文脉等问题的争论。

国学，是泛指中国传统文化，还是单指儒家学术，还是特指中国传统人文科学范围内的学术——抛开专家的争论不谈，本文更关注普通百姓是以怎样朴素的眼光理解和认识国学的。事实上，不少人头脑所理解的国学，大体仅是“四书”“五经”、诗词曲赋、琴棋书画以及民风民俗等。因此，“国学热”的相关争论有望促进人们更全面地了解传统文化。

追溯起来，悄然兴起的“国学热”可谓“文化寻根”现象的折

射，与我国综合国力不断增强、国际地位日益提升的背景密切相关。就现实层面而言，社会发展中一些不可忽视的问题，包括金钱至上、诚信缺失等，也迫使一些人尝试到传统文化中寻找补救之策。比如，人们越来越认识到，中国传统文化中强调仁爱，强调群体，强调和而不同，强调天下为公，特别是“天下兴亡、匹夫有责”的爱国情操，“民为邦本”的民本思想，“己所不欲，勿施于人”的待人之道，以及吃苦耐劳、勤俭持家、尊师重教的传统美德，所有这些都对家庭、国家和社会起到了巨大的维系与调节作用。因此，“国学热”的出现，有望促使人们对中国历史和文化有更多的了解，增强中华民族的认同感与凝聚力。

与此同时，对于当前的“国学热”，也应抱一种理性的认知。毕竟，时代在发展、在进步。人们可以通过了解国学，掌握更多的传统文化知识，以提高文化素养和道德境界，但如果寄希望于国学担当更多的“救世”责任，希望通过复兴国学解决中国的一切问题，则是不现实的。其中，以国学来取代现代教育的想法及尝试，尤其值得警惕。信息化、全球化的时代潮流决定了我们的教育体制必须是适应现代社会需要的教育模式，完全浸润于“四书”“五经”、诗词曲赋之中的人是难以适应现代社会生活的。此外，借助于现代通信手段，穿上“现代时装”，国学知识的普及会更有效率，但在这种传播过程中，应力戒商业炒作，同时更要当心仅仅是凑热闹、赶时髦的心态。

国学是一个内涵十分丰富的文化体系，它蕴含着中华民族几千年的灿烂文化。今天，我们应以世界文化为参照，在现代文明发展潮流之下来检视国学，发扬那些代表人类共同美德和追求的东西，摒弃那些与时代发展潮流格格不入的糟粕。

（原载 2006 年 8 月 17 日《工人日报》）

寻找那种敬畏和淡淡的悲哀

比起其他更关乎国计民生的硬指标、大任务，提高国民阅读率，可谓可松可紧、可急可缓，甚至难免沦入“雷声大雨点小”、“理论上重要，实际上一边靠”的尴尬境地。

4 月 23 日是什么日子？知道的人不多。

先看一组数字：1999 年的 60.4%，2001 年的 54.2%，2003 年的 51.7%，2005 年的 48.7%——这是我国国民图书阅读率前四次的调查数字。国民图书阅读率，就是每年至少读一本书的读者在识字者中的比例。调查由中国出版科学研究所实施。来自《人民日报》2008 年 4 月 8 日的消息说，该所人士透露，第五次即 2007 年的调查数据初步分析结果显示，国民图书阅读率仍有大幅度下降，网络阅读率大幅攀升。

在第十三个世界读书日即 2008 年的 4 月 23 日即将来临之际，媒体对国民阅读率再度关注起来。“阅读，决定着一个民族思维的深度和高度，对文化传承、国家发展有着重要的意义”。

时下，书多了，但也滥了，同题跟风炒作等使出版市场一片虚热。再加上书价不菲，买本喜欢的书，不易。还有，书多了，可读书的时间少了。网络阅读的快餐式、浏览式、随意性、跳跃性、碎片化的浅阅读，加上为升学、考证、考职称的“有用式阅读”，均“折射了世

风的浮躁、浮华”。

心平气和地说，我们过上温饱、小康的日子毕竟还没多久，从习惯盯着饭桌，到转向盯着书桌，总是需要一段时间。

但最令人心焦的是，养成全民读书的习惯，是一项说起来无比重要、而落实起来又找不着具体责任人的泛化和软性任务。比起其他更关乎国计民生的硬指标、大任务，提高国民阅读率，可谓可松可紧、可急可缓，甚至难免沦入“雷声大雨点小”、“理论上重要，实际上一边靠”的尴尬境地。

生活中，除了学校里的学生，公共图书馆离我们太远，无论城市还是乡村。即便在北京等繁华都市，知道公共图书馆大门冲哪儿开的人，也寥寥无几。比起为数可怜的省级、市级的图书馆，百姓急需的家门口的社区图书馆，能数出几家？即使现有公共图书馆的功能开发，也刚刚起步。比如，国家图书馆举办的“文津论坛”广受欢迎，而类似引导公众阅读与求知的活动，在各地图书馆中，凤毛麟角。而一座图书馆本应该成为一个地方的文化传播中心、文化活动中心，其对当地公众文化交流的推动、求知品位的提升等，均身负重任。还有，一些地方开始意识到图书馆建设多少标志一地之品位后，竞相攀比图书馆硬件的奢华，折射出一些人对图书馆功能的认识并不到位。图书馆建设不能沦为下一轮“形象工程”，这是业内专家提出的警告。

让我们共同体味英国作家毛姆说过的一句耐人寻味的话：“如果你在图书馆待上一天，不管这座图书馆有多小，当你面对着人类积累下来的无穷智慧，你的心中只会满怀敬畏，甚至会夹杂着淡淡的悲哀。”

如果我们的周围能多一缕书香，我们的社会就会少一些腐臭之气，多一些文明景象。

（原载2008年4月11日《工人日报》）

享受奥运的快乐

深呼吸，“茄子”……

弓已拉满，箭已上弦。酒已斟好，琴声正起。

筹备了7年的奥运盛宴即将开席，不少人屏住了呼吸。

一届奥运会下来，留在奥运史及人们记忆中的，远不止各国的奖牌排行，以及运动员的崭新成绩。

回顾现代百年奥运史，还有更有趣的东西——有马拉松运动员中途与观众聊天的，有逛到苹果园吃个苹果的，还有被野狗追逐的；有游泳运动员记错了数，本已游完全程还坚持“我还有两个长度”的；有马拉松比赛冠军得主，赛后居然不知自己参加了奥运会的；有赛马比赛裁判数错了圈数的；有大赛组织者没想到“黑马”出现，现场乐队找不到冠军得主国家的国歌，只好张冠李戴，蒙混过关的……种种在今天严密的组织下几乎不可想象的事，都曾发生在现代奥运会初期。

当时的奥运会远没现在这般令世界瞩目，组织者也没有多少经验，人家自然也没有现在这般大的压力，无论组织者，还是参赛者。背负着国家形象、个人名誉与梦想甚至商业利益的考虑，如今，参赛运动员有几个能轻松上阵？观众也跟着累。

并不是说我们不在乎“更快更高更强”，没了这种精神头儿，奥运会开起来也就没啥意思了。只是这奥运会还应该有另外一些东西，

比如轻松和快乐。

开闭幕式中的文艺演出越来越成为奥运会中必不可少的精彩篇章；比赛场次间隙，拉拉队表演的花样越来越多；奥运会吉祥物自诞生以来即广受喜爱……种种快乐元素使奥运会更加魅力四射。

也许是那句话：鱼和熊掌不可兼得。原始的尽管可能是粗陋的，但往往也是质朴的。组织得越是周密、越是万无一失的大赛，似乎出些小意外、令人忍俊不禁的事也就少了。

没啥大不了的，就是一场比赛，谁跑得快给谁发块牌牌儿，然后各自回家过各自的日子。最重要的是，友谊由此而生，天下从此和平。

让我们一起深呼吸，“茄子”……

（原载 2008 年 8 月 8 日《工人日报》）

我高兴，别拦着我

9 号凌晨两点，“我看见姚明了！”冲进家门的儿子一脸的兴奋，还有一脸的汗水。一位韩国朋友转让给我家两张奥运会开幕式门票，儿子和他爹当仁不让地成了 9 万名开幕式观众中的两员了。

人家开幕式晚 8 点开始，儿子从下午两点就“进入状态”，兴奋得满屋子转悠。我家那张很是结实的木制茶几没让他跳塌，就算万幸。向来每晚 9 点按时就寝的儿子，居然能坚持到后半夜，没别的，兴奋呢，拦都拦不住。

持开幕式门票，当天乘公交免费。爷俩告诉我，他们把门票一亮出来，引来一车人的羡慕。爷俩雄赳赳气昂昂地抵达鸟巢。

开幕式前垫场文艺演出还没开始，爷俩已经坐在鸟巢观众席了。手机里儿子让我听听现场的声音，“好玩，可热闹了！”那时，离开幕式正式开始还有一个多小时呢。

“最好看的是点火炬。我就说嘛，鸟巢鸟巢，就应该是飞起来的鸟去点火炬，现在换成一个人飞上天空，是李宁。跟鸟也差不多。”儿子从来没把开幕式点火炬的事想得多复杂，当媒体上大人们挖空心思猜测点火的方式可能与凤凰或龙等有关时，儿子坚信，就是一只鸟的事。

“妈妈，这次咱们可赚大了。”一到家，儿子就迫不及待地向我展示开幕式上送给每位观众的道具包，荧光棒、手电筒、祥云图案的丝巾、国旗、五环旗、节目单、微笑圈，还有福娃图案的掌型小道具（我猜是鼓掌造势用的）、拨浪鼓，再加上雨披和矿泉水，一大兜子，好不热闹。

我在电视里看到观众席一片红色方巾在挥舞，还有荧光棒闪成一片，原来都是道具包里准备好的。

爷俩本想提前一会儿退场，趁人少早点回家，没想到一出奥林匹克公园，吓了一跳，外面同样人山人海。没门票进不了鸟巢的人们聚在大街上，通过大屏幕收看里面的开幕式，看烟火，个个兴奋无比。要知道，这已是后半夜了。

地铁里，工作人员一见他们爷俩拎着的道具包，明白是从开幕式现场出来的，“走这个通道！”爷俩一路畅通无阻，神气活现地回到了家。

（原载 2008 年 8 月 10 日《工人日报》）

让我们俯下身的是孩子

这几天，关于奥运会开幕式的溢美之辞太多太多。论功劳，也并不在张艺谋，而在咱五千年的传统文化。就凭咱们如此悠久的民族文

化，随便捞点东西折腾折腾，就够外国人瞪大眼睛好好瞧一通的。如果非要鸡蛋里挑骨头，总觉得这开幕式太“文气”了，相比起来，体育的、动感十足的、激情四射的东西似乎少了点。

有一点，张艺谋聪明透顶——打孩子牌。

有谁能让全场9万名观众瞬时间屏息静听？演唱《歌唱祖国》的红衣小女孩林妙可能；有谁能一出场就让人立即联想到“小天使”的形象？在空中放飞风筝的小姑娘朱巧妍能；有谁能与鼎鼎大名的郎朗共奏钢琴曲，而且还能让郎朗像哄着被宠坏了的小妹妹一样百般呵护？5岁的小女孩李木子能；有谁能与巨人姚明一起出场，小小的个子，风头一点不比两米多高的姚明差，甚至还让姚明乐呵呵地弯下腰？来自四川地震灾区的小学生林浩能——可爱的几个孩子一亮相，空气中立时充溢着快意与温情，微笑荡漾在现场及电视机前很多人的脸上。

开奥运会为了什么？为了这个世界更美好。更美好的世界留给谁？留给孩子。这世界终归是孩子们的。

因此，在奥运村外，还有个奥林匹克青年营，来自世界不同国家的年轻人为了奥运而聚集到一起，感受奥运的喜庆气氛，结交四方朋友，体验不同肤色、不同民族的人与人、国与国之间如何和平相处。

一届奥运会后，这几百名青年营的营员们，将如同一颗颗和平的种子，撒向世界的各个角落。年年岁岁之后，这些种子将会生根、发芽、开花、结果，将会把奥运会所追求的团结、和平、进步的理想传扬。

当然，咱普通百姓也没少为孩子着想。比如，为了满足儿子现场感受奥运比赛的愿望，烈日下排了四个半小时的队，我给儿子买到了一场沙滩排球的票。回来的路上，儿子激动得抱着我的胳膊猛亲，还来了句评价：“妈妈，看来你挺重视奥运会的”——有点像我写“社评”的语气。其实，他妈妈重视不重视奥运会，跟奥运会开得成功与否，没啥关系，但与他的快乐很有关系。尽管回到家，我累得坐下就再也不想站起来。为了儿子——值！

（原载 2008 年 8 月 12 日《工人日报》）

比金牌分量更重的东西

没有对奖牌的争夺，也就没有体育竞技的精彩。没有金牌在闪光，奥运会也就不可能吸引亿万观众的目光。

金牌的分量很重。在有的运动员眼里，当冠军比当总统过瘾。在 1904 年奥运会马拉松冠军希克斯眼里，“我宁愿赢得马拉松比赛，也不想赢得总统大选”。还有那位二战中战功赫赫、英名远播的巴顿将军，并不太把自己的军功当回事，而认为参加奥运会的经历才是“一生最大的骄傲和荣誉”，尽管他在 1912 年斯德哥尔摩奥运会上只得了个现代五项第五名。

但是，总还有比金牌更重的东西，无形，却又实实在在。

比如，友谊。在 1936 年柏林奥运会上，跳远冠军美国的杰西·欧文斯赛后说过一句话，“即使融化我所有的金牌和奖杯，也难以熔铸一个像 24K 纯金那样纯洁的友谊——我与鲁兹·朗之间的友谊。”德国运动员鲁兹·朗是该项目亚军得主。在欧文斯预赛前两次试跳犯规只剩一次机会时，是鲁兹·朗上前劝他放松，“不必跳得很远，只要进入决赛即可”，并与欧文斯一起在起跳线退后几英寸处做了个记号。欧文斯成功进入决赛并得了冠军，第一个向他祝贺的还是鲁兹·朗。

友谊可以温暖人心。于是，我们屡屡为这样的事所感动，一些场上是死对头的选手，场下则是亲密无间的好友。也许只有这些体坛高手，才能一同体验向极限挑战的艰辛、痛苦与快乐，在相互追赶与激

励中，他们携手冲向竞技之巅，让体育赛场永远充满人性的魅力。

比金牌更重的，还有亲情。你相信在运动员心里，“儿子第一，金牌第二”吗？1924 年，美国耶鲁大学学生比尔所在的赛艇队作为国家代表队准备参加巴黎奥运会，可他的儿子即将降临。一心等待儿子出生的他放弃了参赛。队友们如愿拿到了金牌。28 年后，他的儿子将奥运会皮划艇的一项金牌送给了爸爸，比尔终于是金牌、儿子两不误。在奥运史上，冠军得主中没有比尔的名字，但在比尔妻子及儿子的心中，比尔的名字金光闪闪、无可取代。在人生的天平上，亲情能让金牌“失重”，还有什么比这更让人相信人性的高贵？

同样，北京奥运会上，荣获首金的捷克女射击选手卡特琳娜·埃蒙斯与丈夫相拥热吻，成为赛场上最温馨的定格镜头。没有人不相信，那块金牌中浸润着其丈夫的爱。

比金牌更重的，还有人生境界的升华。走出赛场，以自主、向上的进取心态，向更精彩的人生领域冲击，伟大的运动员往往会给我们演绎出不凡的人生之路。当赛场上的冠军争夺战已成往事，人们在介绍某位知名的医生、职业经理人、学者、社会活动家时，可能捎带一句，“他曾是某届奥运会的某项冠军”——我们相信，这将让更多的人领悟到体育于世间的意义远不止金牌，更有“离开体育，同样精彩”的人生。这样的人生更值得喝彩。

荣誉、名望、地位、金钱，金牌可以带给冠军们很多，但我们不希望金牌的光芒掩盖更能打动人心的东西。我们为金牌而欢呼，我们同样也为更丰富的人性之善而感动。毕竟，竞技不是人生的全部。赛事终有结束的一刻，而生活在继续。在接下来的日子里，还有很多比竞赛更精彩的故事……

（原载 2008 年 8 月 12 日《工人日报》）

就是一个大 Party

进场十几分钟，我愣是没弄明白，眼前到底是不是奥运会的正式沙滩排球比赛，可票上印得清清楚楚，8 月 11 日晚 18 点开始，沙滩排球，地点：朝阳公园沙滩排球场。

照理，奥运会比赛，多严肃的事，可至少 150 分贝的摇滚音乐响彻赛场上空，周围人又喊又叫，又蹦又跳，嘻嘻哈哈——一个字：闹！

我还没搞清两国运动员是谁跟谁，运动员小憩的功夫，十几个“沙滩宝贝”迫不及待地冲进球场，一通乱蹦乱跳，长发飞扬，红色比基尼装满场耀动。有黄肤色的中国姑娘，也有白种的、混血的外国姑娘，中西合璧。怎么激情怎么来，手中彩条、圆环、小红扇变换。想起街头大妈秧歌队，其实，这些“宝贝”就是比大妈们的身材好点、穿得少点、动作更性感点、跳得节奏更快点。

还不够闹？几个塑料充气“福娃”也跳进场，扭着笨重的身子，一不小心，摔倒了，好在沙滩也摔不疼人，同伴将其拉起，俩人还来个相拥热吻——观众一片叫好。

还不够闹？中英文解说员趁比赛间隙，指挥着观众加油，一会儿左右摇胳臂，一会儿双臂划圈，跟摇桨似的，一会儿做人浪，基本属于幼儿园老师哄小朋友的招数。现场那位中文解说心思也不在比赛上，最专业的一句解说就是“大力扣杀，得分！”他的主要工作是调动观众一起闹。

当晚六场预赛都没有中国队参赛，场内中国观众乐得给双方加油。不少人自始至终也不关心场内到底是哪国跟哪国在打，每局比分是多少，谁输谁赢，只是随着解说员，起着哄地叫，做人浪，鼓掌加跺脚。铁制的看台回声很大，愈发增加了加油的声势。身边一男士嘀咕：“谁

脚疼，谁知道。”

还不够闹？观众席内几十位外国球迷晃来晃去。人家拉拉队就是训练有素，穿一样的衣服，戴一样的帽子，再不就披一面国旗，越大越好，或者来一顶彩色假发。音乐一响，开始比谁嗓门大，统一的手势像跟一个老师学出来的。

一个小插曲，一个黑衣人出现在观众席，电影里“惊天大盗”那打扮，全身黑色紧身衣只露出两眼睛。这主儿肯定练过街舞，动作激情、动感。引得中国小观众以为见着传奇人物，纷纷上前与其合影。黑衣人倒也和气，来者不拒。观众们歪着头只顾琢磨这黑衣人是个啥来历，把场内正激烈争夺的运动员忘得一干二净。

出得场来，总结出“三疼”：手掌疼——鼓掌鼓的；嗓子疼——起哄喊的；头疼——音乐吵的。估计其他观众跟我也差不多。

（原载2008年8月15日《工人日报》）

拿什么献给奥运英雄

从奥运赛场凯旋的英雄们，通常会得到什么礼物呢？

有收到总统贺电的；有受到举国欢腾、万人空巷的盛大欢迎的；有被塑成塑像的；更有女孩子在赛场疯狂地喊着他们的大名：“我爱你！”（似乎这礼物只对男运动员有效）；有被写入奥运史册、成为亿万年轻人的崇拜偶像的，这礼物的分量更重；当然，在人生的最后时刻，有离世运动员墓碑被刻上奥运五环标志的，这样的礼物很有庄严感。

此外，还有一些更有意思的礼物。

最高不可及的礼物，以奥运冠军名字命名小行星。1982年，芬兰天文学家发现了第1941颗小行星，将其命名为帕沃·鲁米——芬兰运动员帕沃·鲁米一生参加过三次奥运会，得过九枚金牌、三枚银牌，全部在中长跑项目中，打破了29项世界纪录，创造了几乎不可复制的神话。这是天上的奥运之星，也是人们心中的奥运之星。

最激励后人的礼物，名言“像路易斯那样出发”。在首届雅典奥运会马拉松赛中，竞争激烈，一个个对手退出，最后，雅典运动员路易斯赢得了胜利。“像路易斯那样出发”的名言由此流传，它激励后人向伟大的人生目标前进。

最心疼人的礼物。1948伦敦奥运会，荷兰运动员科恩成为第一个单届获得四枚金牌的女选手，100米、200米、80米跨栏和4×100米接力。回到阿姆斯特丹，一位市民送给她一辆自行车，“孩子，你太累了，骑上它，你就不必整天那么跑了”。

最温情的礼物，亲人的热吻和教练的拥抱。在雅典因最后一枪脱靶而痛失金牌的美国名将马修·埃蒙斯，在这次奥运会男子射击50米卧射中，以一环之差只得了块银牌，但妻子——摘得本届奥运会首金的捷克射手卡特琳娜·埃蒙斯及时献上的一吻，让丈夫一扫落寞。似乎在这夫妇俩看来，比起人生的甜蜜来，奖牌的成色要在其次。当然，夫妇俩一块来的不多，被教练抱起来轮上几圈，通常是冠军们得到的最温情礼物。

最戏谑的礼物。“泳池天才”菲尔普斯胸前挂着的金牌已经用五个手指数不过来了，同学发来戏谑短信，大意是，你那张丑脸怎么老在电视里晃，我都快看烦了。菲尔普斯很是得意。

相比起来，我们送给奥运英雄的礼物似乎花样不多，通常只在含金量上较劲，以别墅最为常见，房地产商也顺带着给自己做做广告。听说，中国剪纸、鼻烟壶大师们，已经给奥运冠军备下特殊礼物，剪纸大师还故意把刘翔的鼻子处理得有点歪，图的是更鲜活。

还有没有更让人一见倾心的礼物呢？动动脑筋吧。

（原载2008年8月18日《工人日报》）

苦涩的背影

本以为，开奥运的日子，多开心，尽情享受世界体坛高手的巅峰对决，过瘾！爽！空气里，似乎都能闻到黄金周长假的轻松味道。哪怕因为单双号，往往要挤近四个小时的公交车上下班，但咱忍着。

可是，不时出现的几个身影，让我的快乐打了折扣。

那个在男子100米预赛中，小组排名倒数第一的阿齐兹并不羡慕别的，只是羡慕别国短跑选手平时都有自己的训练跑道，“而我们没有”。在不时传来的隆隆炮声中，阿齐兹找不到一条完整的跑道来训练——他来自战争中的阿富汗。

跟阿齐兹来自同一个国家的唯一一位女运动员，罗比娜，很漂亮，被中国媒体称为“阿富汗的花木兰”。当她站在中国电视摄像机镜头前时，需要的是不凡的勇气，因为国内反对女人抛头露面的声音很强，她平日不得不在爆炸威胁和各种恐吓中坚持训练。在和平阳光下生活久了，如果不身临其境，我们有多少人能体会战争阴云的恐怖？是不是可以这样理解，对运动本身的挚爱可以超越生死？

那个穿着二手跑鞋走上赛道的伊拉克女运动员，那个穿着唯一一件泳衣站在池边的巴勒斯坦女选手，如果她们知道夺走网球男子双打金牌的费德勒是乘着包机来北京的，摘下男子10米气步枪金牌的印度选手阿比纳夫·宾德有个极有钱的爸爸，老爸专为儿子在家里建了一个世界一流的射击训练场——她们的苦涩会不会更浓几分？贫与富的对比，在奥运赛场如此惨烈。

还有那个为了给患白血病儿子治病挣钱而重返体坛的丘索维金娜，33 岁，“祖母级”的体操女将。谁能体会，当被问起“你早该退役了吧”时，她毫不客气地回答“这关你什么事”，话中隐藏着的是怎样难言的痛苦与沉重？谁又能看透，赛场上，她那已找不出多少女性魅力的面容，包藏着多少生活的艰辛与苦涩？“一枚世锦赛金牌等于 3000 欧元奖金。”一枚奥运金牌呢？可惜她也没拿到。

奥运回避不了战争，奥运也挥不去贫困的阴影。当奥运会曲终人散，当奥运村大门徐徐关闭时，生活依然要继续，苦涩与沉重依然还在那里。唯有对希望、对和平与幸福的向往应该更为强劲吧。

（原载 2008 年 8 月 20 日《工人日报》）

第六篇　公民姿态

尊奉平等、崇尚民主、强调权利、重视法治、倡导宽容，这一切的一切，只因为我们拥有一个共同身份——公民。

以公民的姿态站立

这种公民意识，蕴含着个体对社会的认同意识和责任意识，它超越熟人圈落、亲缘圈落或等级秩序，每个人以平等的身份站立，共同为一个社会的和谐进步尽心尽力。

由6家部委联合主办、多家媒体参与、数百万观众关注并投票的2006“中国骄傲”评选活动，日前揭晓结果。此次评选将目标对准在危机事件中挺身而出、维护国家利益及人民生命财产安全、救人救己的平民英雄。他们当中，有在火灾中将呼吸面罩让给被困者的消防战士；有在肆虐的山洪来临时，叫醒了全村人，自己却淹没在洪流中的妇女主任；有火灾中用一架破旧的木梯，智救30多条生命的耄耋老人；有为保住8岁男童的眼睛，竭尽所能的两个12岁男孩……他们普普通通，却在危难时刻，用责任、勇气、智慧和爱心诠释了平凡生命的无畏与精彩。

我们见的更多的评先，是以职业贡献为标准。而这次“中国骄傲”人物评选以及之前一些地方“见义勇为者”的评选，则超出了职业贡献的范畴，所有的候选者以一个共同的身份出现，即国家的公民。当灾难降临，他们挺身相救的可能是非亲非故、素不相识者，因而这种救助并非出于亲情或职业要求，仅仅是基于彼此是生活在同一片蓝

天之下、有着同样生命与尊严的同类，是同一个社会中的公民。

生活中，除了工作中的职业角色、家庭中的亲缘角色之外，我们每一个人还有一个共同的身份——国家公民。作为一个国家公民，在工作及家庭之外，我们承担着诸多的责任与义务，比如，我们享有宪法和法律规定的权利，同时，也要履行宪法和法律规定的义务；比如，我们要遵守公共秩序，助人为乐，见义勇为，扶危济困，维护国家利益；比如，我们应尊奉平等、崇尚民主、强调权利、重视法治、倡导宽容，要坚持自由、平等、民主、法治、正义、和平、爱国、追求真理、与自然和谐共处等价值理念，等等。

这种公民意识，蕴含着个体对社会的认同意识和责任意识，它超越熟人圈落、亲缘圈落或等级秩序，每个人以平等的身份站立，共同为一个社会的和谐进步尽心尽力。“以一个公民的名义”，有人上书全国人大，质疑收容遣送办法，有人为某部门出售货物不开发票、乱收费、不作为等，告到法庭讨个说法。由于当事人往往并不能从上书上告中直接获益，因而我们为他们的公益之举而感动，其实，他们是以国家公民的身份，向他们认为有违公平正义原则的现象发问，他们的行动常常会唤起公众对某些社会痼疾的合法合理性的质疑，并有效推动问题的解决。

当越来越多的人意识到自己作为一个公民的责任和义务、并自觉担当这种责任和义务时，最终受益的是整个国家、整个社会。有了这种公民意识，人们才会将公众的事、国家的事视为与自己休戚相关的事，才会以主人的姿态时刻关注社会的进步与不足，才会自觉约束自己、关照他人，才会在见到危害社会的不良现象时，勇敢地站出来制止。这种公民意识将公民个体与国家利益连成一体，将无数公民个体联结在一个有序的社会团体之中。

现实中，从一个个热心公益事业的人身上，从一个个志愿者身上，我们欣然看到了这种公民意识的成长。而随着法律法规的普及，随着包括公民教育在内的现代教育惠及更多人群，以及随着重大公共事件在媒体中的充分讨论等，我们相信，以一个公民的姿态站立——这种公民意识会在越来越多的人当中萌生、成长，并成为推动社会走向现代与和谐的重要支撑。

（原载2006年11月10日《工人日报》）

平民亦英雄

当一些人对“高大全”式英雄的崇敬热情有所降低之时，并没有封存内心对善良与正义的敬慕。那些传递着人间温暖与真情的人和事，以其特有的力量拨动着时下公众的心弦。

今天，能让人感动的事情并不多，而最近发生在广东惠州的一件事却让不少人心潮难平。一群青年通过网络紧急动员，驾着自己的橡皮艇，从台风引发的洪水中救出了200多人，如果不是偶然因素，半年前发生的这感人一幕还不为外人所知。

这些救人青年让我们想到“平民英雄”的称谓。如同不久前有媒体评选“中国骄傲”人物中被推选出来的几位“平民英雄”一样，他们普普通通，但却在危难时刻，“用责任、勇气、智慧和爱心诠释了平凡生命的无畏与精彩”。

生活中我们很多人都追求一种成就感，这种成就感可能来自外界的褒奖，也可能来自内心的一种满足。而后者正渐渐成为不少年轻人的价值选择，即悄悄地做着自己认为有意义的事，展现更有生命力的自我，不事声张，不图回报，哪怕为此要付出不小的代价。

惠州救人的网络青年，在现实生活中只是普通职员等。如果不是这一救人事件，他们可能只是生活在我们身边的平平常常的人，默默无闻。我们也相信，生活中还有不少人可能只是没有机会，如果面临

抉择，他们同样可以做出不凡之举。但我们更相信，凡这样的人必然拥有一个共同的品质，即当社会需要之时，尽己所能，肯于也勇于做一件于他人于社会有益之事，且是在没人强迫，也没有回报（因为这样的付出可能是生命，任何回报都不足以弥补）的前提下。也许用“平民英雄”这个词来定义这些人的形象并不十分恰当，但我们想表达的是，所有为这个社会的美好尽自己一份心力的人，注定会留下一段人生的精彩，注定会赢得世人的尊敬，无论从前、现在还是未来。

有人说，时下是一个英雄光彩淡出的年代。事实上，当一些人对“高大全”式英雄的崇敬热情有所降低之时，并没有封存内心对善良与正义的敬慕。那些传递着人间温暖与真情的人和事，以其特有的力量拨动着时下公众的心弦。人们将理解与赞誉送给这些“平民英雄”——“这些人也不光是关心自己、不关心社会呀”，“他们也懂得救苦救难”——同时，也将感动留给了自己。

也许，我们许多人一生都没有机会去烈火中、洪水中救人，但这并不妨碍我们存一份善心。有了这份善心，可以让我们在遇到残疾人、孕妇、老人或幼儿时，为他们让个路、推开门；可以让我们从为数有限的工资中捐出几十块钱，给远方素昧平生的失学儿童；可以让我们在无人监督甚至“有机可乘”的情况下，自觉奉公守法，不做损人利己、损公肥私之事，保持人格的纯洁与高贵；也可以让我们对家人多尽一份责任，做一个好爸爸、好妈妈、好丈夫、好孩子，让一个家庭充满温馨与快乐。

由此而言，我们每一个人都可以成为自己的英雄，都可以成为活得更有尊严、有内涵、有成就的“大写的人”。我们相信，这样的人越多，支撑我们社会和谐与文明的力量也就越发强大。

（原载 2007 年 1 月 11 日《工人日报》）

寒冬里的暖色

媒体在致力追踪、挖掘并展示给公众那些维系我们社会最珍贵的、最核心的价值——真，善，美，它们是新闻永不过时、永不寡淡的主题。

一个普通环卫工人连续几天成了央视新闻联播追踪报道的新闻人物，登上大小媒体的重要版面、时段——王长荣，北京东城区环卫工人，连续四天四夜清扫积雪，不慎摔倒，突发脑出血住进医院。

相识的、不相识的人们给王师傅送来鲜花，也送来敬意。与此同时，大雪过后的大街小巷，无数王师傅的同事，身穿同样的橙色环卫背心，继续一铲一铲地将残余冰雪装车运走，继续将一张张废纸拣起。

王师傅病倒了，感动了一个城市；还有一位公交司机去世了，突发心脏病，临终前没忘那一脚刹车，保住了一车乘客的平安，司机的名字被很多人口口相传；火灾现场，被倒塌的建筑物掩埋，年轻的消防战士定格为黑色镜框中的烈士；在缉毒一线，壮烈牺牲的缉毒警察成了陌生人追悼的英模……

新闻总要寻找不同寻常的人和事，寻找社会当中某种稀缺的东西。无数这样那样的不同寻常，无数这样那样的偶然，定格成一个个感动瞬间，连缀成我们的岁月——如果王师傅那天抽空找个地方暖暖身子，歇一歇，也许不会累得摔倒，他可能还像往常一样，每天按时上班，和同事有说有笑，按时下班，与家人一起买菜做饭；如果那名公交司机出事的当天能多休息一会儿，可能至今依然过着每天出车收车、上班下班的日子，没入人海，平平常常……

习惯了平淡如常的日子，我们并不会时时想起，在眼前，或远方，相识的，不相识的，与我们每天生活息息相关的人很多很多——清晨，打开电灯，电流的另一方连着的是坚守在供电岗位上的工人；摸摸暖气，暖流的另一方连着的是供暖公司的普通工人；坐上公交、地铁，各工种的服务已各就各位；发动私家车，多亏了之前炼油输油供油工人的环环相扣的服务……实在只能挂一漏万，因为我们无法穷尽所有的劳动角色，哪怕仅仅是一天，他们每一个人、每一个岗位，都不可或缺。

不同寻常的人和事让人难以忘怀，而平平常常的人和事，有时同样令人心动。比如，那个“小处方医生”，从医 25 年，单张处方从几毛钱到几十元不等。她让无数人看到了白衣天使的纯净心灵，也让无数人记住了她的大名——王争艳。

寻常的，不寻常的，他们能让人记住，并赢得相识的、不相识的人们的敬意，不因为别的，只因为他们身上有着一种共同的品质。基于这样的品质，从他们身上，散发出一股别样的温暖和力量。透过这样的温暖和力量，我们会看到，头顶的天空，阳光灿烂。

没有人能告诉我们，什么是寻常的，什么是不寻常的，因为，在两者之间，并不存在不可逾越的鸿沟。媒体关注的一个个寻常的及不寻常的人，一件件寻常的及不寻常的事，这仅仅是第一层面的东西，而更深层面的，是媒体在致力追踪、挖掘并展示给公众那些维系我们社会最珍贵的、最核心的价值——真，善，美。它们是新闻永不过时、永不寡淡的主题。

当每一个感动瞬间击中我们的敏感神经时，当每一个寻常或不寻常的人物走进媒体聚光灯下时，其实，我们屡屡会听见，有一种传唱多年的旋律在响起，一个被讲述多年的故事在发生——为社会的美好而尽责，为他人的幸福而忘我，总会赢得最隆重的敬意。

（原载 2010 年 1 月 14 日《工人日报》）

时代英雄与社会良心

如果所有“为国家、为民族做了点事”的人都能得到适当的、公正的褒奖，其动员起来的社会力量将使我们整个社会受益无穷。

在新中国成立59周年之际，2008年10月1日的北京天安门广场，一场特殊的仪式牵动无数人的目光——党和国家领导人及首都各界人士向人民英雄纪念碑敬献花篮，表达对革命先烈丰功伟绩的缅怀之情。

这一刻，众多沉浸在节日喜悦中的人们心头一动，意识到今天祥和、快乐的日子，与逝去年代的许多人有着不可分割的联系——那些为了民族的解放、新中国的诞生而赴汤蹈火、英勇捐躯的先烈们。铭记已逝的英雄，让今天的节日多了一份内涵，让人们心中多了一份神圣。

与此同时，刚刚圆满完成“神七”航天飞行任务的三名航天英雄，翟志刚、刘伯明、景海鹏，以及在不久前北京奥运会、残奥会上为中国赢得荣誉的奥运英雄们，也都被人们连同敬意一同收藏在心底。

革命先烈、航天英雄、奥运英雄……被人们记住和敬仰的，自然远不止他们，还有和平年代各行各业的英雄模范人物。比如，站在航天英雄背后的中国几代航空航天人，为中国航空航天事业今天的辉煌

铺路奠基，呕心沥血，无怨无悔。

为英雄的力量所感动，对英雄的形象心生敬仰，这些也许与柴米油盐无关，但在我们的生命历程中，这些感动与敬仰不可缺失。

正如学者夏坚勇所说，呼唤英雄是对历史深情的凝视。因为历史曾被一个个英雄的名字定格，他们是横空出世的群山，负载着一代又一代的盛衰兴亡，他们是奔腾的长河，以喧天排空之势留下了悠远的回声。呼唤英雄是对生命激情的倾慕。没有哪一种伟大和深刻是从肖小庸常中滋生的，如同瀑布的落差产生势能，在英雄们身上，这种激情无一例外地体现为一种生命本体的强悍，一种追求卓越的天性，一种舍我其谁的历史主动精神，一种义无反顾的道德力量。

英雄可能离普通人很远，但英雄身上所凝聚的为社会进步而顶天立地、义无反顾的献身精神，离我们每个人并不遥远。换句话说，那些所有肯为他人、为社会付出的一举一动，都同样有着值得社会尊重的理由。其评判的标准只有一个——社会的良心。

英雄也许离普通人很远，但“人人皆可以成为英雄”的制度建设却不应该遥不可及。随着社会的进步，参与社会生活的人越来越多，教育的普及和个体智能差距的缩小，“人人皆可以成为英雄”并不是一个神话。一个健全的文明社会应该尽可能扩大社会机会均等，使更多的人能最大限度地发挥自己的潜力和才能。也就是说，应以“人人皆可以成为英雄”为一种规范性理念，指导社会政策和制度的设计，从而防止那些低估、压抑人的潜力与才能的制度性错误。

“如果中国人民说我钱学森为国家，为民族做了点事，那就是对我的最高奖赏。”这固然是“两弹一星”元勋钱学森先生高风亮节的表达，换个角度，于社会制度来说，如果所有“为国家、为民族做了点事”的人都能得到适当的、公正的褒奖，可以想象，其动员起来的社会力量将使我们整个社会受益无穷。与此同时，当每个人都能找到一展才华的舞台，都能享受人生的成功，这样的社会必将凝聚强大的力量与生机。让我们把深深的敬意献给所有的时代英雄，把无言的感动与敬仰收入内心，把更多的力量与真情献给我们置身的国家与社会。

（原载 2008 年 10 月 7 日《工人日报》）

“神话”缘何一再出炉

公民的科学素养水准如同一道看不见的堤坝。堤坝高高筑起，会自行阻挡住某些反科学的危害社会的歪理邪说，类似神医“神话”之类的东西基本找不到“市场”；而如果堤坝过低，则可能在明显缺乏科学依据的“神话”冲击下一泄千里。

2007年9月14日《新华每日电讯》有一则报道，“‘治癌世家’刘太医神话是怎样出炉的”，说的是自2006年以来，有位“刘太医”在网上火了起来，他的《刘太医谈养生》、《刘太医说：病是自家生》成了畅销书，作者自称是明朝太医刘纯的后裔，其家是中国唯一的瘤科世家，他不仅拥有“科学与医学”的双博士，还拥有治疗癌症的祖传秘方。于是吸引了众多大江南北的寻医问药者。而记者调查发现，此人的学历、资历和奖励均系仿造，还曾因“非法行医”被查处过。

这样的神医“神话”已经不再令人称奇。之前，“一代神医”胡万林也曾“风云一时”，动静比这位刘太医闹得大。不过这位刘太医更“与时俱进”，比如跻身出书热潮，还弄了个来头颇大的“博士”头衔，尽管这一“博士”头衔是由退休工人创建的“国际另类医学研究所”颁发，外人只要交赞助费就可从该“研究所”得到“世界名医奖”等。而刘太医通俗的“治癌理论”——“癌症就是个血包，就像是痔疮，先要喝牛蹄筋汤把癌块包住，就能够控制住”——不知医学专家听了会作何感想？如果真是这样，全世界那么多殚精竭虑研究多年尚未找到有效治癌办法的医学专家，若不是弱智，就早该转行了。

我们无意指责那些相信“神话”的患者。俗话说“病急乱投医”，在癌症这一人类至今尚未攻克的疾病面前，人的求生欲望异常强烈也属人之常情。而正规医院高昂的医疗费可能也迫使一些人追逐“民间偏方”。再有，让一个普通百姓彻查一位“名医”的真实身份，毕竟有些难度。

值得追问的是，这样的神医“神话”缘何一再出炉？谁在推波助澜？谁因无为而失职？比如，出版社为其出书是否经过严格审查？对某些民间机构的监管是否留有漏洞，以致个别人为神医“神话”助纣为虐？还有，医学常识等科普教育是不是远跟不上现实需求？

除此，深层的社会背景诸如诚信的缺失、制假造假之风的蔓延更值得我们警惕。比如，个别官员的“政绩做秀”、“数字注水”，热衷于大建“形象工程”；比如，一些学历造假、著作抄袭、学术造假事件不时发生；比如，一些带有传销性质的商业欺诈案件屡屡震惊四方。论社会危害，这些造假行为比起上述“神医”，有的可能有过之而无不及。因而，要揭开包括神医“神话”在内的所有欺世盗名的造假黑幕，我们面临着严峻的现实挑战。

让类似神医“神话”不再有兴风作浪的可能，我们当然有太多的事要做。基本的一条，我们要从提升公民科学素养处着手。公民的科学素养水准如同一道看不见的堤坝。堤坝高高筑起，会自行阻挡住某些反科学的危害社会的歪理邪说，类似神医“神话”之类的东西基本找不到“市场”；而如果堤坝过低，则可能在明显缺乏科学依据的“神话”冲击下一泄千里。

我们知道，与全体公民受教育水平直接相关的公民科学素养水平

不可能在短时期内大幅提升，但在我们全力推进的现代化建设中，类似神医“神话”的频频现身，无论如何都是一种莫大的讽刺。令人担心的是，如果在广大百姓的科学素养中分辨科学与伪科学的堤坝不牢，那么，今天有记者揭出了一桩神医“神话”的内幕，而明天在某个角落，会不会有另一桩“神话”正在悄悄降临？

（原载 2007 年 9 月 18 日《工人日报》）

心甘情愿地纳税该多好

亚当·斯密在其著作《国富论》中，描述了一个良好税制的四个必要条件：公平、确定、便利和经济。

工薪族成为个税的纳税主体，再次得到印证——2007 年首次实行的年所得超过 12 万元的高收入人群自行申报个税，正如人们所预期的，截至 2007 年 4 月 2 日申报时限，全国自行申报者只有 160 多万人，相当于税务部门掌握的 600 万应报人数的四分之一。其中，工薪族占了大头，个体工商户、演艺明星、自由职业者等高收入者所占比例不高。原因很简单，即由于当下个人收入货币化程度和经济活动信用化程度较低，且个人收入来源日益多元，税务机关很难方便、快捷地掌握个人的实际收入。比起工薪族来，税务部门更难掌握私营企业主、娱乐明星的准确收入。

靠工资收入的纳了税，无奈而不满，而实际收入更高的人群却可以逃税，且暗中得意——这无论如何都不应是个税制度设计的初衷。让公民心甘情愿而非迫不得已地纳税，并不只是提高公民纳税意识的问题，更涉及诸多深层的制度设计。

首先，公民纳税，必须给出一个公平的理由。

亚当·斯密在其著作《国富论》中，描述了一个良好税制的四个

必要条件，即公平、确定、便利和经济，其中公平原则占首要地位。他指出，国民应根据自己的纳税能力来资助政府的经费开支，按照其在国家保护下所获得的收入的比例缴纳税款。事实上，我国现行税收法律在调节不同阶层纳税人之间收入的作用，并不尽如人意。

无论是调整后的1600元的个税起征点，还是个税自行申报制度设置年收入12万元这一“门槛”，实际上，都有“一刀切”之嫌，离公平负税尚有不小的距离。在发达国家，一般的做法是根据纳税人的家庭实际，包括家庭结构、婚姻状况，家庭的教育成本、医疗成本以及抚养子女、赡养父母的成本等具体情况，确定不同人的纳税数量。如果简单地“一刀切”，很可能使收入不同、负担各异的人站在同一个缴税起点上，难以体现个税调节收入差异的实际功效。

由个税自行申报，引发了人们对公务员家庭财产透明化的强烈期待。而公务员家庭财产透明化，是建立廉洁高效公务员队伍的前提之一。早在1883年，英国议会通过《净化选举防止腐败法》，首开官员财产申报的先河。1978年美国国会通过《美国政府道德法》，规定包括总统、副总统、国会议员等在内的官员，均需申报财产。目前泰国、墨西哥、新加坡、韩国、俄罗斯等国都已实施官员财产申报制度。

但这一工作在我国可谓“雷声大，雨点小”。1995年两办就曾联合发布《关于党政机关县（处）级以上领导干部收入申报的规定》，2001年中纪委、中组部联合发布《关于省部级现职领导干部报告家庭财产的规定》，但由于“操作起来比较复杂”等原因，都不了了之。

这次个税自行申报，打头阵的是广大普通公民，而不是公务员，这让不少人心有不平。当一些公务员拥有巨额来源不明财产却逍遥自在的时候，却让普通百姓把自己的财产通过申报方式公布出来，人们难免有抵触情绪。人们期待，个税自行申报，从公务员做起。

其次，公民纳税，必须给出一个合理负担的理由。

近年来，国家财政收入的增长速度远远超出工资增长速度，个税增幅远高于 GDP 增幅，“个税是否太重”的质疑一直不断。有数字为证，2000 年国家财政收入是 1.3 万亿元，2004 年上升到 2.6 万亿元，4 年财政收入翻了一番。而工资占 GDP 的比例，1989 年是 16%，2003 年则下降到 12%。与之对比，工薪阶层负担的个税却成为 1994 年以来增长最快的税种，平均增幅高达 48%，远高于 GDP 的 9% 的平均增长率。

1993 年我国政府财政收入只有 4349 亿元，自 1994 年实施分税制便以每年 1000 亿元的增量前进，1999 年突破 1 万亿元，到 2003 年突破 2 万亿元用了 5 年，而后突破 3 万亿元却只用了两年，2006 年接近 4 万亿元——这样的增速于国于民而言，是利大于弊还是弊大于利?

其三，公民纳税，必须给出一个合理回报。

“税收取之于民、用之于民”不应仅是一句宣传口号，它应当成为纳税人的切身感受。没有税收，国家就无法提供公共产品和公共服务，社会治安、国家安全、基本医疗、义务教育、公共交通等都将无从谈起；税收是国家财政的重要来源，是公民安居乐业、企业生产发展的前提，税收与社会公众的生活息息相关——这些道理，讲起来并不难，但让百姓真正认同，并不容易，必须克服种种障碍。

比如，人们对其他领域的不满情绪会转移到税收上面，想方设法逃税。尤其是对官员的贪污腐败深恶痛绝又无可奈何时，于是，一些人给自己逃税找借口。

再比如，在税务体制比较成熟的一些国家，将职工在职期间所缴纳的税金与退休后的社会福利按比例联系起来，缴纳税金越多，相应的退休福利越多，所以，人们自觉纳税的积极性普遍较高。而我国，公民纳税与个人生活之间的联系并不明显。

其四，公民纳税，必须给出一个透明的理由。

2006 年，我国税收收入（不包括关税和耕地占用税、契税，未扣

减出口退税）完成37636亿元，比上年增长21.9%。这是纳税人委托给政府公务员管理的巨大公共财富，但对如何使用这笔巨额财富，纳税人的发言权、知情权及参与决策权还很不到位。

虽然每年的全国两会都有听取审议国家预算的程序，但审议的只是预算报告，而不是具体预算。事实上，国家预算编制比较粗糙，两会上的审议时间太短，多数人大代表并不专业，难以提出有针对性的意见和建议。纳税人缴纳的税款是否被用于与自己切身利益相关的公共产品上，其使用效率如何，普通纳税人几乎找不到监督的渠道。

在税收用途中，集中百姓最大不满的是行政管理费用的节节攀升。改革开放25年间，我国行政管理费用增长了104倍，行政管理费用在财政总支出所占比重逐年上升，2003年为19.03%。而在大多数发达国家，一般公务支出占中央财政支出不超过10%。

行政管理费用如此猛增，一是政府养的人过多，二是公费出国、公款吃喝、公车支出这"三公"消费成了无底洞，三是豪华公共设施、"面子工程"、"形象工程"耗资巨大。

尽管近年来有关部门屡屡出台规定，要规范党政机关公务接待，要将接待费用纳入财政预算管理，公开透明，接受监督，但以往"上有政策、下有对策"的做法，"四菜一汤"被改成"四盆一缸"的教训，让一些人不能不对国家的这些政策心存担心。

2006年4月，湖南常宁市荫田镇爷塘村村委会主任蒋石林状告常宁市财政局超预算购买豪华车一事，引起舆论广泛关注，反映了百姓对政府财政预算合理与否已开始深切关注。纳税人这种权利意识的觉醒，有望成为遏制行政管理费用浪费的一种压力，但这种压力不能靠一两个人的告状，必须走制度化规范之路。

（原载《中国质量》2007年第6期）

戴手铐的孩子为我们上了一课

我们习惯了沉默，这种沉默实际上认可了我们自己的被动与屈从，认可了我们自己的“渺小”以及执法者的“强大”。

双手被警察的手铐铐住，按常识来说，这样的人不是服刑犯，就是犯罪嫌疑人。但几天前，一名与这两种身份均不沾边的15岁少女，却被结结实实地戴上了手铐。这事发生在陕西省渭南市。

据《华商报》报道，2003年4月12日，见警察传唤自己的父亲，做女儿的、初中三年级学生15岁少女马某要求警察出示证件并询问传唤理由，不料遭到殴打，还被强行戴上手铐拉进警车。村民气愤不过，围住警车，少女得以逃出。双手戴着手铐的少女坚定地要为自己讨个说法，投诉到渭南市公安局、渭南市委政法委和当地媒体。省公安厅就此召开专门会议，14日，马某同意卸下手铐。

一个倔强的、较真的孩子！一个对法律抱有纯真信念的孩子！她知道警察传唤公民要出示证件，她相信自己的要求合理合法，她义无反顾地主张自己的权利。少女的举动让我们这些成人汗颜，因为之前，我们当中有几个问过警察同样的问题？

但孩子的遭遇证明，孩子毕竟是孩子，她太天真了。现实当中，有些合法的事是行不通的。在她之前，之所以没几个大人敢要求警察

出示证件，要求警察解释传唤人的理由，有的是不知道自己有这些合法权利，更有的人是不敢。我们太老于世故，我们深谙这样的“潜规则”，即警察在执法过程中的任何行动都是“不容置疑”的，公民只有被动服从的份儿，没有与警察较真的份儿。

于是，我们习惯了沉默。这种沉默实际上认可了我们自己的被动与屈从，认可了我们自己的“渺小”以及执法者的“强大”。这种沉默甚至纵容了某些执法者的违法行为，更使我们身为公民的权利旁落、贬值和缩水。在这种沉默中，我们对执法者的抱怨压在心底，我们周围法治环境的改善也相当迟缓。

偏偏打破这种沉默和“平衡”的，是一个未成年的孩子！

也许有聪明人会觉得孩子的做法过于傻气，但这种傻气反衬出的正是我们的世故与怯懦。孩子的天真和勇气真该让我们脸红，让我们无地自容，让我们痛和震惊——难道我们的法律意识还不如个孩子？难道我们非要等到一个孩子“挺身而出”、为我们这些大人的怯懦付出代价，我们才能明白什么是公民的不可侵犯的权利，才能明白权利不是靠谁的恩赐，权利的实现靠的是我们每一个人的积极主张？

我真心地把敬意送给那15岁的孩子，为她那句无畏的、掷地有声的发问。我也希望孩子的勇敢能让我们其中的某个人再遇到类似的情形时，也理直气壮地要求警察“请你出示证件”！

我们也应该相信，当我们以法律的名义、以公民的名义，理直气壮地主张自己的权利的时候，我们是举众人之力推动法治建设的进程。而最终，受益的是我们每一个人。

（原载2003年4月18日《中国经济时报》）

我很小，但我很重要

儿童是社会的弱者，但又是独立的、有尊严的人。儿童有权对影响儿童的一切事项自由发表意见，有权要求成年人倾听和参考自己的意见。且有个底线，不能把儿童当工具、做幌子。

听说过“女士优先”，乍一被问起“儿童优先”意喻何为，一时大脑一片空白。印象中，“儿童优先”似乎是个“舶来品”，好像是电影中那些遍地洋房、轿车的有钱国家，孩子可以对父母直呼其名，课堂上学生可以对老师“没大没小”，还有法律规定，没到一定年龄的孩子被单独留在家里，父母会被抓去坐牢。

也难怪，儿童优先，这一在国际公约中倡导多年的价值理念，在我国还只局限于政府的几个政策文件及法律法规上，只停留在字面上而已，它离我们每天面对的现实生活，差距很是不小。尽管“一切为了孩子”的标语贴得满大街都是，“爱护祖国花朵”的口号也时时挂在官员嘴边，尤其是在“六一”儿童节前后；尽管不少父母对孩子有求必应、百依百顺——但这些都与真正意义上的“儿童优先”无缘。

儿童优先，一句话，凡涉及儿童之事，必须以儿童利益为重。

儿童优先，有个必须牢记的大前提，即儿童是社会的弱者。在一

切灾难及伤害中，儿童是最大的受害者。在那些记录人类灾难的珍贵照片中，最震撼人心的画面多是孩子惊恐、悲凉的眼神和他们那弱小、无助的身体，他们无力抵抗强大的灾难。所以，他们有权得到成人、比他们更强壮的成人的庇护。

儿童优先，必须把儿童当成一个独立的、有尊严的“人”。与儿童交流，成人要蹲下身去，与孩子的目光平视，并沿着孩子的视线考量整个世界。也许会看到一个与成人世界大相径庭的景象。或许这才能将一切“为了儿童”的决策与努力较正“准心”，有的放矢。

儿童优先，凡涉及儿童之事，应当听取儿童的意见。儿童有权对影响儿童的一切事项自由发表意见，有权要求成年人倾听和参考自己的意见。这里，最忌讳的是居高临下，“小孩子懂什么”，“我这是为了你好”，拿自己的“高明”为后盾，替孩子操办一切，越俎代庖。这背后，有“君君、臣臣、父父、子子”的烙印，更有对弱小群体的漠视，以及平等土壤的贫瘠。学校的管理、教改的方向，能不能听听学生的意见？在各项儿童竞赛评奖委员会中，可不可以找个儿童当评委？家中大事包括父母婚姻，能不能问一句孩子的主意？

儿童优先，还有个底线标准，即不能把儿童当工具、做幌子，谋取不当之利。不能盘算着怎么寻找法律的空隙，繁荣“儿童经济”，如引诱儿童出入“少儿不宜”场所；不能眼见着污染儿童心灵的环境滋生，而坐视不管或有意纵容，如暴力、色情的文化传播；不能诱导、强迫儿童做于儿童自身有害无利的事，如某些仪式上的点缀。新疆乌鲁木齐一把大火吞噬300多花季少年，类似的悲剧不能重演；不能让学龄期的孩子辍学打工，错失求知机会，丧失登向人生更高际遇的脚力；也不能把儿童当做炫耀的工具，为了家长脸上有光，强迫孩子做力所不及之事。一句话，对那些无视儿童利益的别有用心之举，孩子有权大声说："我不情愿!"

当强权不再成为胜利者和某种象征的时候，"儿童优先"实在应该成为你我的共识。

（原载2001年6月1日《工人日报》）

一个公民应该坚持的价值观，包括自由、平等、人权、民主、法治、正义、和平、爱国、追求真理、与自然和谐共处等。

以一个公民的名义，我知道，政府只是为公民服务的机构，我向政府交了税，我在养活政府公务人员，因此，我到政府机关办事，办事人员应该尽心尽力为我服务，为我提供一切便利，而绝不能事事刁难我，处处敷衍塞责，不能“门难进、脸难看、事难办”。

以一个公民的名义，我不希望看到一个国家总理为一个农妇讨薪的事操心，不希望看到某某领导的一个批示，才使得多年积案得以昭雪。我更希望看到，在法规的保障下，每一个农民工都能按时足额拿到应得的工资，每一个受了冤屈的公民都能通过法院讨个清白。不论事关一个农妇，还是涉及高官显贵，凡事能在法律的框架内说话。我希望主宰社会生活的最高权威，不是人治的权杖，而是法治的利剑。

以一个公民的名义，我十分赞赏那些熟知法律的人士，上书全国人大常委会，要求对收容遣送办法进行违宪审查；或一次次打官司，状告“铁老大”春节铁路票价不经听证即上调、车厢内出售货物不给发票。我也十分钦佩一些“刁民”的所作所为。吉林，一个受聘为政府政务公开义务监督员的男士，不做“好好先生”，而是“拿着鸡毛当令箭”，监督工商部门乱收费，监督税务部门收税违规违法，让相关部门很是头疼。即使在落聘监督员后，依然较真，又状告公安部门“在办理第二代身份证时多收10元照相费”——我尊敬他们，因为他们让一些官员明白了什么叫依法行政，他们在推进国家法治的艰难前行。

以一个公民的名义，我不希望看到一个地方、一个单位的好坏取决于一两个决策者个人品性的优劣，“搞好一个地方，一个领导人不够；搞坏一个地方，一个领导人足够。”我希望官员是否为政清廉，不取决于其个人修养，而取决于制度是否严格约束。

以一个公民的名义，我认为，我有自由行走在大街上的权利，即使我没有随身携带相关证件，警察也不能随便抓我、甚至打死我。我的住宅不受侵犯，即使是执行公务的警察，如果没有合法证件，也不能迈进我家一步。即使我在超市偷了东西，超市也没有权力将我示众。即使我进了公安局，也没有谁可以严刑逼问我。

以一个公民的名义，我认为，我有公平地接受义务教育的权利，不能因为家里交不起几万元的择校费而只能上差校，在我考上大学时，不应面对一涨再涨的学费而一筹莫展。

以一个公民的名义，我知道，当我年老、生病或丧失劳动能力之后，有得到国家和社会帮助的权利，所以，享受基本养老、医疗、失业保险是理所应当，不能总等好心人捐款，才能使我侥幸活下去。

以一个公民的名义，我希望公共服务部门想涨价的时候，必须规规矩矩地开个价格听证会，问问公民的意见和感觉，不能把我们的钱包当成敞开的宝库，想掏多少就掏多少。

以一个公民的名义，我知道，我要忠于自己国家，我对国家是抱建设性而非毁坏性的态度。假如政府做的事不对，我严厉批评政府，希望它改善，而不是明明看着国家走向错误却还说“好好好”。

以一个公民的名义，我希望我有机会参与更多的非政府组织活动，做些政府无暇顾及的环保、妇幼老弱病残的慈善救助，体会参与社会的自信与成就，体会与人合作、团结协作的乐趣，提升社会成员的责任与荣誉。

以一个公民的名义，我知道，我在享有宪法和法律规定的权利同时，必须履行宪法和法律规定的义务，我知道要遵守国家法律，公共场合要关照他人的存在，爱护环境，扶老携幼，助人为乐。到饭店用餐，我会主动索要发票，监督饭店经营者不能偷税漏税，为保全国家税款尽一份力。

以公民的名义，我知道，在关心国家、社会、他人之前，先要关心和爱护自己的家人，要重视家庭价值。家庭生活的幸福取决于自己的生活方式，取决于对家庭成员的关心和爱。

以一个公民的名义，我尊奉平等、崇尚民主、强调权利、重视法治、倡导宽容、讲究妥协。我知道，仁爱、宽容、感恩、友谊、尚礼、诚信、责任、尊严、合作等是一个公民的良好品德；一个公民应该坚持的价值观，包括自由、平等、人权、民主、法治、正义、和平、爱国、追求真理、与自然和谐共处等；一个公民应该了解的知识包括国家与政府、民主政治、政党制度、司法公正、社会公共生活、公民的权利与责任等；一个公民要具备参与公共生活的基本能力，如与人沟通、演讲、讨论、组织活动、参与选举、处理纠纷、维护权益、向责任部门或媒体反映问题和提出建议等能力。

以一个公民的名义，我希望我能以我的主张、见解及行动，影响并改变周围社会，使它变得更为公正、平等、文明、和谐。

（原载《社会学家茶座》2006 年第 4 期）

路边那蓬盛开的金盏菊

——纪念改革开放30周年特别报道

2008年7月16日中午刚过，烈日当头。北京王府井新东安市场，喧哗如常。其东北不足100米处，一幢不起眼的三层办公楼前，偶尔几个行人匆匆走过。“自然之友”的办公之地即在里面。

“这是我的名片”，执行理事梁晓燕递给我们的只是一张薄纸片。由于总干事暂时缺席，梁晓燕现在是“自然之友”的“大管家”。“这是与我们长期合作的一家印刷厂，用边角下料印的，免费。”

“自然之友”酝酿于1993年的玲珑园聚会，一年后正式注册为“中国文化书院绿色分院”。如今，其旗下集结了近万名环保志愿者。“环保事业从一些人的理念到在全社会蔚然成风，这一过程中，志愿者行动是必不可少的重要载体。他们充满活力和创造力。”梁晓燕说。

种树，观鸟，捡垃圾

“要把环保工作做好，就像在一个人口众多的大家庭里，如果只有家庭主妇在维持整洁，而全家老少都只管糟蹋，不管收拾，主妇纵有三头六臂，也无能为力。”

10年前，还在北京85中上学的陈蕊，跟随“自然之友”志愿者，

到十三陵水库观鸟。《中国工商时报》记者周小林、吴红月在1998年3月31日该报的一篇报道中，记下了陈蕊看到的一幕——

“3月8日，天气很冷，水面上有一群天鹅正悠闲自在地休息。天鹅共19只，一只放哨，另有两只没成年的小天鹅在嬉戏玩耍。这时从大坝那边开过来一只汽艇将天鹅赶离了水面。天鹅群在天空中飞了十几分钟后飞走了。一小时之后，天鹅又飞回这片水域。可不到10分钟，游艇又开过来，这次天鹅飞走之后就再也没有回来。”陈蕊很为天鹅们担心，因为观鸟小组的高武老师告诉她，天鹅是夜盲，如果天黑之前找不到一块宽阔的水域落脚，它们就会不停地飞，直到天明。

陈蕊可能没有看到的另一幕是，在那个年代，带上望远镜、鸟的图谱和一个笔记本到野外观赏鸟，在许多国家和地区，与听音乐会、看球赛一样，是一项有趣的文化生活。

“始知锁向金笼听，不及林间自在啼。”900年前，宋代文豪欧阳修以诗句表达对笼中画眉的同情。900年后的今天，环保专家唐锡阳提出，把野生鸟关在笼中饲养是人爱自己，而不是爱鸟。他援引《中国林业报》记者做过的调查：鸟从捕猎到出售损耗率为20∶1，也就是说，每只笼中野生鸟的身后，都有19只死去的兄弟姐妹。

为了告诉更多的人什么才是真正爱鸟和爱动物，“自然之友”成立了观鸟小组，志愿者们到野外观察鸟类习性，挂鸟巢，拴环保标志。

1996年4月的第一周是北京的爱鸟周。周末，“自然之友”会员梁若冰到京郊“北京濒危动物驯养繁殖中心”参观，印象最深的，是那块“灭绝者之墓”的名字——亚洲猎豹、新疆虎、无齿海牛、袋狼、渡渡鸟……梁若冰在心里祈求：“这名单不要太长，不要增长得太快。”

种树、观鸟和捡垃圾，是环保志愿者最初的“三大法宝”。

恩格贝，位于内蒙古库布其沙漠腹地。1991年，80多岁高龄的日本治沙专家远山正瑛来到这里，与中国治沙志愿者王明海一起投入艰苦的沙害治理。

1996 年 8 月 1 日至 4 日，国内第一支由非沙漠居民组成的志愿植树者一行 73 人深入到恩格贝，他们中有大学教师、公司职员、军人、私企老板、离退休干部，来自北京、天津、呼和浩特等 6 个城市。当他们离开恩格贝时，留下了一片几千平方米的小树林。

第二年的 7 月末，当志愿者们再次来到恩格贝沙漠时，见到当地一小孩捅破了一个燕窝，将小燕捡去玩。志愿者们“指责”这个 10 岁左右的“肇事者”，“肇事者”把小燕放回了破碎的窝里。第二天，“自然之友”队伍后面多了个“尾巴”——那孩子和他妈妈。母亲怯生生地问：“能不能也让我的孩子加入？让他也有个机会听听你们讲的道理。在这儿没人给我们讲这些。”

一颗爱护大自然的种子，悄然落进孩子的心田……

“我们深信大多数人的理性和向善之心，相信青年和儿童，相信春风和种子的力量。”“自然之友”现任会长杨东平说。

毕竟，在当时的不少地方，种树之类的事，政府部门尚无暇顾及。环保志愿者们就从身边看得见摸得着、力所能及的事情做起，在广袤的大地上，播下环保的种子。

“哦，那是我的表亲”

“我们最大的成就不是保住了哪一座山、哪一种动物，而是为社会上许多关注环保的人找到了一个共同发挥作用的可能性，提供了一个家园。”

1998 年 7 月 2 日，桂林七星公园。来访的美国总统克林顿与中国

民间人士正在举行一次环境问题的圆桌讨论会。

当梁从诚先生把一张滇金丝猴母女的照片作为礼物送给克林顿时，克林顿问：金丝猴还有多少？

“大约不足 1200 只。据我们所知，这是灵长类中除了人类之外，唯一的红唇动物。”

总统望着照片，“哦，那是我的表亲！”

全场大笑……

这张照片的拍摄者是奚志农，一名环保志愿者。

1992 年，在云南省林业厅工作的奚志农跟随一个研究组，第三次来到白马雪山自然保护区。有“雪山精灵”之称的国家一级保护动物滇金丝猴，栖息在这里。

100 平方公里的栖息地，悬岩峭壁，荆榛灌丛，再加上雨季的阴雨连绵，大雾弥漫，要找到猴子如同大海捞针。

7 天了，奚志农只找到三四天前的猴粪。食物所剩无几，9 月 15 日那天下午，他和同伴绝望地准备返回营地。

“猴粪！”从还在冒热气的猴粪断定，猴子就在附近。奚志农精神大振，快速穿过一个叫杜鹃岭的山脊。听到猴子“吱嘎吱嘎”的叫声，他趴在崖口俯身望去，200 米外的一棵大树上，几只猴子正在吃松萝。他颤巍巍地举起摄像机——嗬，这六口之家，大公猴作为一家之主，站在最高处；两位妻子抱着两个幼子并肩坐在低处，另一个大些的孩子依偎在妈妈的身旁——安详的一家人。

奚志农迅速按下快门——这是人类第一次用影像记录滇金丝猴。

然而 1995 年 5 月，奚志农听到一个消息：云南省德钦县打算在白马雪山自然保护区的南侧，砍伐 100 平方公里的原始森林。这对生长在里面的许多珍稀动植物种类可谓灭顶之灾。他四处奔走，希望能保住这片林子。可地方人员说，我们工资都发不出了，谁想制止，谁给

钱。

奚志农和支持他的唐锡阳心急如焚，大声疾呼："木头财政"是死路一条！

奚志农等人四处奔走。"自然之友"发出呼吁"支持奚志农，保护滇西北原始林"。有关领导作出批示，采伐被叫停。

但当巨额财政补贴到手之后，当地又开始砍伐相邻的另一片原始森林。又是根据环保志愿者的举报，1998 年 8 月 2 日，"焦点访谈"以"补贴到手，斧锯出手"为题，再次揭露了野蛮砍伐行径。当地原始森林免遭厄运，金丝猴们避免了一场灾难。

无疑，奚志农在林业厅的工作，给了他关注金丝猴的机会。与此同时，志愿者对环保事业的热心也发挥了很大的作用。这一时期，不同领域的志愿者队伍同样显示出专业性、团队性集结特征。

其中，青年志愿者成为最强大的志愿者团队。《中国青年》杂志最初将志愿者定位于"新形势下雷锋精神的继承和发扬"、"无私奉献"；几年后，倡导"赠人玫瑰，手有余香"，认为志愿者在奉献他人的同时，也收获着内心的愉悦和精神价值的实现；到新世纪初，又提出"志愿是一种时尚"口号，将志愿服务作为一种时尚行为向社会提倡。

布莱尔的一封回信

"必须从根本上改变人类的生活方式，把无限增长变为自我控制，把感官享乐转向审美追求，变征服自然为顺应自然。"

这是 10 年前的一封信：

亲爱的从诚教授：

谢谢你10月6日关于藏羚羊保护和藏羚羊绒贸易问题的来信。

你对非法猎杀藏羚羊的憎恶和你对这一物种前景的忧虑，我深怀同感。我一定会把你的要求转告给联合王国和欧洲联盟的环境专管当局。我希望将有可能终止这种非法贸易。

祝你在保护中国环境的重要工作中获得成功。

你忠实的

托尼·布莱尔

1998年10月7日

写信人“托尼·布莱尔”，时任英国首相。“从诚教授”，是梁从诚，中国第一家民间环保组织“自然之友”的会长。

藏羚羊，其形象在刚刚闭幕的第29届北京奥运会上出尽风头，那是橙色的“迎迎”。这种在中国几乎与大熊猫同样知名的小生灵，机敏灵活、驰骋如飞。然而，10几年前，它一度濒临被捕杀殆尽的绝境。

它是我国特有的一级保护野生动物。1979年被列入《国际野生濒危动植物贸易公约》严禁贸易物种名录。然而，上世纪80年代中期开始，藏羚羊绒制品在国际市场上走红，非法出口到印度的藏羚绒原料价格随之上涨。

1998年10月，英国首相布莱尔即将访华。英国驻华大使高德年建议梁先生，可借英国首相访华机会，请求首相设法制止英国的藏羚绒非法贸易，支持中国反盗猎藏羚羊的斗争。

信中，梁先生说：“由于盗猎，藏羚羊的数量正在急剧减少。目前只有7.5万~10万只左右，仅为100年前的十分之一。按照在印度加工的藏羚绒的数量估算，每年当有2万只以上的藏羚羊被猎杀取绒。

如果盗猎以这样的规模进行下去，20 年内藏羚羊将有可能被灭绝。”

梁先生在信中提到，为抓获盗猎团伙，中国的一位官员牺牲了。他的名字叫索南达杰。

1994 年 1 月，青海省治多县西部工委书记索南达杰第十二次进入可可西里。18 日那天，在太阳湖碧蓝的湖湾里，他流尽了最后一滴血。与他对抗的是 18 名凶恶的盗猎匪徒。在他身边，是整整两车共 2000 多张藏羚羊羊皮，羊血还未凝固。他至死都保持着射击的姿势。

索南达杰牺牲的第二年，扎巴多杰着手重建西部工委，命名为“西部野牦牛队”，意为要像野牦牛般勇猛顽强，毫不留情地打击盗猎藏羚羊的猖獗行径。这支 40 人的队伍中，正式编制只有四五个人，有复员军人、教师、工人和个体户，有人甚至可称为“社会闲散人员”。他们啃冷馍、喝雪水、干咽方便面，坚持巡逻。为了争着进山，用“猜锄猜”的方式决定谁去谁留……

一只小生灵牵出盗猎与反盗猎的血腥战斗，甚至引发跨国贸易的较量，其背后的推手是人的贪欲。人的贪欲是威胁环境生态安全的大敌。这一点，“自然之友”发起人之一王力雄，早有清醒认识。在王力雄看来，种树、保护野生动植物等，从环保理念而言，只能是“浅绿”。而要从根本上解决环境问题，必须从根本上改变人类的生活方式，把无限增长变为自我控制，把感官享乐转向审美追求，变征服自然为顺应自然，即上升到环保理念的“深绿”。

这一理念深深地影响着后来的环保志愿者，影响着他们对可持续发展的理解与认同。

“节能 20% 公民行动”即是典型一例。自 2007 年 7 月启动以来，环保志愿者们着手夏季空调测温、无车日、绿色包装、冬季测温、能效标识、节能灯推广等活动，倡导低能耗生活方式和消费方式，为中国实现 2010 年 20% 的节能目标贡献出一份民间智慧。

可可西里一把“烧钱”的大火

“消灭一些物种，就好比拔掉飞机上一些铆钉，看来问题似乎不大，但从某种意义上说，这架飞机已经不再是安全的了。”

1999年5月23日清晨，一辆汽车穿过夜幕从格尔木向可可西里进发。车上坐着“自然之友”梁从诫等人，还有国际爱护动物基金会葛芮女士和媒体记者。车子开进索南达杰自然保护站。

“一、二、三！”“野牦牛队”梁银权书记、葛芮和梁从诫各持一根火炬，同时抛向“野牦牛队”缴获的373张藏羚羊皮。“轰”的一声，一团烈焰腾空而起，价值几十万元的藏羚羊皮顷刻被熊熊大火吞没。

“有人说西部工委是在烧钱。”记者的话筒伸到梁先生眼前。

梁先生愣了一下，“这是以盗猎国家一级保护动物换来的‘钱’，是以破坏可可西里生态环境换来的‘钱’，是完全非法的不义之财。不烧掉这些皮子，让它们一张也进不了非法市场，就堵不住这条伤天害理的生财之道，就没法向全国、全世界证明：中国政府和中国人民坚决不允许受国际非法贸易驱动的盗猎活动在中国的土地上横行！”

28日回京途中，梁从诫等人在车祸中受伤。更令梁先生意外的是，回京后，报上有人批评：这么贵重的皮子不应该烧，应该由国家来卖。

梁先生用“奇谈怪论”来形容自己的气愤，“我国法律规定：藏羚羊为一级保护动物，任何猎杀或买卖与之有关的物品的行为都要受到法律制裁。难道国家应该自己带头违法？国家卖藏羚羊皮，客观上岂不成了盗猎活动的同谋？”

为了环保，这些志愿者多苦多累都不怕，最怕的是落伍的环保理念犹如一张无形的大幕，包围着他们。

藏羚羊如果灭绝了，后果有多严重？值得人花这么大力气保护吗？

唐锡阳，《大自然》原主编，在“自然之友”内创办“大学生绿色营”。他在 1995 年 8 月 8 日的《科技日报》上写道：“消灭一些物种，就好比拔掉飞机上一些铆钉，看来问题似乎不大，但从某种意义上说，这架飞机已经不再是安全的了。”

环保志愿者们渐渐体会到，与在沙漠中种树比起来，在人们内心深处种下环保理念之树，更难！

这些志愿者犹如报晓的雄鸡，有时叫得声音过早，并不被人们听到。用北大妇女法律服务中心主任郭建梅的话说，“我们就好像拉着一辆沉重的车，顶着风在爬坡。”

清除人们的无知，避免由于无知而带来的灾难，濮存昕也在拉着“一辆沉重的车”。

“他用人们熟悉的微笑温暖着艾滋病患者的心，他紧握艾滋病患者的双手传递着社会对他们的关爱，更传播着预防艾滋病知识，激发着人类战胜这个世界杀手的勇气。”——走上央视 2002 年感动中国人物颁奖晚会的濮存昕，不只是位知名演员，更以他的预防艾滋病义务宣传员身份赢得公众的尊重。

“三分钟”与“一千年”

“我们每个人迈出一小步，就会使社会迈出一大步。”

1998 年 9 月 29 日，央视经济半小时播出了川西洪雅县肆意砍伐天然林的报道。

就在此前一个多月，长江流域洪水肆虐，四川省政府率先推出“实施天然林资源保护工程”，宣布自9月1日起，在阿坝州、甘孜州等全部停止天然林砍伐，关闭木材交易市场。央视还播出了当地林业部门的“封锯仪式”。

但令人不解的是，位于川西原始森林腹地的四川省第一大国有林场洪雅林场，并未被列入禁伐范围，有人在疯狂地砍伐原始森林。各地木材商秘密云集，囤积居奇，天然林木材价格一涨再涨。

“一棵直径一米多的云杉需要生长多少年?”记者问伐木工人。

“将近一千年。”

“砍伐它需要多长时间?”

“三分钟就完。”

……

舆论震惊。

央视节目播出的当天，四川省有关方面责成洪雅县立即停止一切天然林采伐行动。省政府决定自10月1日起，在全省范围内禁伐所有天然林。

几天后，《北京青年报》记者孙丹平、一位环保志愿者在供职的报纸上，记录下央视报道背后的惊心动魄，丝毫不亚于动作大片中的惊险——送饭人发现记者包里的掌中宝摄像机和一条专用线，立即斜眼威胁“你们带了摄像机，是搞新闻的吗?”一行人返身“以最快的速度冲出山”；第二天，误入滚木沟，一棵树滚下来，当时吴登明“就动不了了”，而幸好时间还早，晚一点就开始大批滚木，他们“必死无疑”；兵分两路，转移录像带；女扮男装，声东击西；亮出身份后，约见的当地领导迟迟不到，情况有变，“两分钟内五个人上了车，以最快的速度冲出宾馆”……

吴登明并不是央视记者，而是“自然之友”重庆会员。这一报道

就是由他和周虹冰、谢怀建等志愿者冒着极大危险，在林场深入调查后，向电视台提供情况并协助拍摄而成的。

节目播出后，吴登明接到匿名电话，“你要用人头来赔偿洪雅的一切损失!”

几乎与此同时，另一个叫杨欣的人，为了一个自然保护站，几乎倾家荡产。

“索南达杰死了，死在可可西里，他是为保护野生动物死的，死得那么悲壮。我知道我该做什么了。”1996 年 1 月 6 日，中国漂流长江探险队的主力队员杨欣，踏进“自然之友”，四处游说他的计划——保护长江源头，在可可西里建立“索南达杰自然保护站”。

原国家环保总局对杨欣的活动予以极大肯定，数十位科学家做了科学论证并提出建议。1997 年 9 月 10 日，在鹅毛大雪中，保护站终于在长江北源楚玛尔河畔卓然而立，远处千里银装的昆仑山宛如一条洁白的哈达。

两年后的 1999 年 6 月 5 日，原国家环保总局、中国科学院等部门共同在长江源头勒石立碑，以示对长江生态环境的重视和保护。

志愿者们执著地走在路上，他们的价值穿越时空。

“5 · 12”汶川大地震后，数十万志愿者从全国各地赶赴灾区，出现在紧急救援、医疗救助、伤病陪护、心理救援、儿童教育、物资发放、卫生防疫乃至抢收抢种等一切需要人力的地方，演绎了一场大爱无疆。

“我们每个人迈出一小步，就会使社会迈出一大步。”濮存昕在奥运公益广告中如是说。

圆明园的湖和水

“每个人心里都有对国家、对社会、对公共事务的关爱之心，这就好像潜在地下的泉水，看不见，渠稍一挖通，活水就哗哗地流过来了。”

2005年3月22日是“世界水日”，张正春走进圆明园。这位兰州大学生命科学院专门从事生态学和中国古典园林研究的学者被眼前的景象惊呆了，几十台挖掘机正在将湖底挖开，铺上白色塑料。据说，这是为了防止湖水渗漏，“节约水”。

凭借专业知识，张正春意识到：这项工程将改变圆明园固有的水系结构，把与地下水系相通的活水变成死水，导致水环境的恶化，甚至产生大量甲烷类有毒气体，并连带破坏由水生微生物、动植物和岸上园林植物构成的完整生态系统；使宛若天成的古典园林神韵变成“假山假水”的匠人败笔，使圆明园的历史文化价值消退。

一场关于圆明园防渗工程的轩然大波由此而起。最终，促成原国家环保总局决定召开专题听证会。

4月13日的听证会上，“自然之友”总干事薛野出示了“自然之友”观鸟组自2003年以来对圆明园生态的跟踪观察报告和照片，说明了湖底铺膜对生态的破坏性影响。5月9日，原国家环保总局要求圆明园在40天内提交环评报告。10月，圆明园铺防渗膜的水域恢复了往昔景色。

梁晓燕回忆3年前的这件事时说，我们希望通过圆明园防渗事件，将保证公众参与的有效制度模式——听证会落到实处；将公共参与制度的落实变成一个未来可重复的典范。“每个人心里都有对国家、对社会、对公共事务的关爱之心，这就好像潜在地下的泉水，看不见，但只要渠稍一挖通，活水就哗哗地流过来了。”

关注、参与公共事务，推进社会进步，志愿者们找到了与政府部门携手的平台。

2008年8月24日晚，第29届北京奥运会闭幕式上，当国际奥委会新当选的4位运动员委员向12名志愿者代表献花时，所有人都明白，他们献上的是对100多万奥运志愿者的敬意。

丁元竹，我国志愿服务理论探索先行者之一。7月初，他在接受本报记者采访时这样说：“为了建立一个健康和融合的社会，我们需要倡导公众参与，希望通过倡导志愿精神和开展志愿者活动来作为创造人类社会进步与融合的一部分。”

“好像在漂泊的路上忽然发现一蓬当年种下的金盏菊，刚好盛开。”4年前，“自然之友”在纪念自己10年历程时，引用了台湾作家龙应台的这句话。

因为这样一种执著，那么，下一个10年、再下一个10年，他们会走向何方？

（原载2008年11月27日《工人日报》）

第七篇　公共治理

“有形之手”能干什么、不能干什么？“有形之手”与“无形之手”的分界何在？官员言行举止的分寸何在？

好制度屡屡走样：设计问题还是执行问题

制度设计不妨“先小人，后君子”，“把丑话说前头”，尤其不可低估某些人暗箱操作、“变通”政策的能力。

又一个好制度在执行中走样的消息——2010年8月11日《工人日报》刊发新华社报道说，近期一些地方政府“阳光采购”频频引发争议：长沙市工商局办公大楼空调系统安装中标价109万元，结算价却高达875万元。该市另一个政府采购项目，实际结算价比公示价高出千万元。此前，昆明市有关政府职能部门被爆集体“高价采购”，长春市购进一台电脑接近3万元。本为引进竞争、节省支出的政府采购，究竟生了什么“病”？

“为了规范政府采购行为，提高政府采购资金的使用效益，维护国家利益和社会公共利益，保护政府采购当事人的合法权益，促进廉政建设”，自2003年起实施的《政府采购法》规定：政府采购应当遵循公开透明原则、公平竞争原则、公正原则和诚实信用原则。但执行当中，一些地方政府采购“不选对的，只选贵的”，“审批、招标、公告皆有漏洞”，甚至有供货商概括出“买的东西次一点，供应商赚一点，回扣拿一点”的“三点”规律。这不能不让人们反思：好好的制度怎么走了样？

同样的疑问之前也有。经适房小区中，豪车出没，富人与穷人争抢有限的经适房；高招中的保送、加分政策，近来被某些有权有钱之人搞了个乌烟瘴气；打入个人账户以备看病之需的医保卡，在一些地方沦为“购物卡”……诸如此类。

好好的制度，屡屡在执行中走样变形，不能不追问其缘由。

其一，篱笆不严。最初的制度设计，线条较粗，留有疏漏，后继“补丁”出炉的速度又赶不上“病毒”侵袭的脚步，于是，屡屡有宵小之辈乘机兴风作浪。如经适房的准入、退出制度设计不周，使得制度初衷与实效间落差较大，以至被一些专家指为保障房制度中食之无味、弃之可惜的“鸡肋”。

其二，水土不服。借鉴“他山之石”，本为少走弯路，但囿于国情及特定现实背景，某些制度的本土化之路并不一帆风顺。虽不至南橘北枳，但也或多或少变形、走样。

其三，单兵突进。一项设计良好的制度，可能因为“左邻右舍”即配套措施的不到位，或大环境有别，而孤木难支。比如，诚信的缺失，使得高招、保障房分配等领域一些制度在执行中，屡屡被别有用心之人钻空子。

其四，阳光不足。一些制度设计者更情愿或更相信凭一己之力，可以一步步完善制度，对借助外力的兴趣不大，或心存戒备。比如，公共政策的公开透明，被证明是“最好的防腐剂”，公众对“阳光”的呼吁也日渐强劲，但在某些领域，这一招似乎并不很受青睐。

我们当然不能低估改革的难度。同时，我们更相信，做足、做透制度的文章，是我们的理性出路。还是那句话，好制度会使坏人无法做恶，坏制度会使好人走向反面。我们的制度设计不妨“先小人，后君子”，从“人性恶”出发，“把丑话说前头”，尤其不可低估某些人暗箱操作、“变通”政策的能力。

其中，激励制度的创新是重要一环。如政府采购中的强化监督，财政部刚刚公布2009年度中央集中采购机构考核结果，既肯定成绩，也指出问题，这是《政府采购法》实施以来财政部对中央集中采购机构的首次考核。

更重要的，要相信“阳光”的力量。无论是政府采购，还是医疗、教育、住房等民生领域的改革，让更多的“阳光”照进现实，逼退每一个角落的暗箱操作，让更多的监督者参与进来，相信会事半功倍。

（原载2010年8月13日《工人日报》）

官员会不会“说话”，立场决定“舌头”

“媒体怎么偏偏跟我过不去?”是公众苛责吗？既然为官，身肩职责，能在平常的或特殊的场合说该说的话，说得恰到好处，应变得体，这个标准并不算高。

在广州，市政府法制办一公务员在下班前半小时拒绝为百姓办理业务，大吼大叫，态度恶劣，被送称号“咆哮哥”，调离岗位；在江西，洪水滔滔，省防总办一位官员不回答央视主持人“居民是否疏散”，只顾汇报“领导指示+领导指示”，招致非议；在江苏睢宁，一篇标题很大、工作打算只有280字的讲话稿，“荣登”“最差讲话稿”榜首。

近来，个别公务人员面对公众，说话、讲话不对路、不得体、分寸失当，屡屡引来公众质疑，这对一些官员也形成了某种压力。

被媒体曝光的几桩事和人，可能不排除偶然因素，兴许当事人觉得委屈：“怎么偏偏轮上我?”“媒体怎么偏偏跟我过不去?”

是公众苛责吗？现代传媒手段可以将一个特殊场合的人的几句话放大、广而告知全国人民，这可能确实是一种压力。但话说回来，既然为官，身肩职责，能在平常的或特殊的场合说该说的话，说得恰到好处，应变得体，这个标准并不算高。

无论是接待前来办事的百姓，还是在某个会议上的讲话，或是接受记者采访，讲话的水准能反映出一个官员的日常工作是不是踏实用心，其行政能力是强是弱，核心在于心中有没有"以民为本"的理念。

其中，不排除如"咆哮哥"等有个人能力、情绪因素，但世上从来没有无缘无故的爱和恨。直接面对前来办事的百姓，公务人员如果脑子里没有"我的工作就是为百姓服务"、"我领的工资来自百姓的税"，如果依然习惯于"你是来求我的"，高高在上，那么，心中的"牛气"总会不经意流露出来——今天是快下班了，明天可能是心情不好，后天可能是要打牌上网或聊天，对前来办事的人冷脸相向，甚至恶言恶语，也是难免的。

大大小小会议上，如果要求官员的每次讲话，句句都有创新之见、有惊人之见，显然过于苛刻。而实事求是地说，不少讲话稿空话、套话、费话连篇，实质性内容寥寥，穿靴戴帽，东抄西凑，词不达意，敷衍应付，既无指导下级工作之功，也无推进工作改进之用。而即使是某个领域的日常工作会议，也可能左右一方百姓利益，影响一方发展，官员的讲话有没有意义，有没有"真货"，反映的是工作用没用心、有没有深入研究、思考与创见——哪一条说起来也不是小事吧？

突发事件来临，回答记者提问，向公众提供真实信息，是官员分内之责。如果平日习惯于按固定模式讲话，"娓娓道来"，那么，在紧急情况下，有没有应变能力，是不是心里装着百姓安危，则是对官员行政能力的考验。

就社会层面而言，这些事件的曝光，对更多公务人员端正自己的言行举止，有着很现实的警示意义。"如今的官越来越不好当了"——在某些人看来，可能公众舆论是一种压力。站在公众立场，更希望公务人员能明了时代发展趋势，牢记自身职责，摆正自己位置，随时随地接受公众的监督。

官员面对公众会不会说话，看似是态度问题，是工作作风问题，是工作能力问题，而根在思想意识。我们固然不能因为一两句话而否定一个官员多年的工作业绩，但是，由于官员不会说话而屡屡招致公众质疑，我们有必要反思。一来，作为官员，要从为官的理念、责任意识、工作能力及作风等多方面认真检点、严格要求自己；作为公众舆论，在睁大监督双眼的同时，也要保持一种理性和客观的立场。

（原载 2010 年 7 月 1 日《工人日报》）

应对舆情的“成熟之道”

先要有一种开诚布公、坦然接受监督及质疑的心态，而不是动什么“小聪明”，蒙混过关；还要有一种务实的解决问题的初衷，而不能敷衍了事，躲过一时算一时；更要有一种敏感性、洞察力和预判力。

四川巴中“全裸”乡政府，河南睢县“茶杯门”事件，广西烟草局长“香艳日记”，山西地震谣言，河南鲁山“喝开水”事件，河北石家庄王亚丽骗官案，山东新泰选拔23岁副局长，江苏东海“父子自焚”，贵州安顺警察枪击致死案，山西问题疫苗——人民网舆情监测室梳理出“2010年第一季度十大舆情热点事件”，公布“2010年第一季度地方应对网络舆情能力排行榜”，对地方政府应对、处置突发事件的能力做出评估。（见2010年4月12日《中国青年报》）

这一榜单分量不轻，涉及政务信息公开、公务人员工作和生活作风、公共信息传播、强制拆迁、公正执法、干部选任、药品安全等问题。它可能会令一些人脸红。而它所试图探寻的经验与教训，应该让更多官员有所警醒，有所借鉴，能好好想一想，遇到突发事件，如何能处理得更理性、更成熟。

这种成熟，首先要有一种开诚布公、坦然接受监督及质疑的心态。而不是动什么“小聪明”，耍什么“小手腕”，挖空心思怎么能大事化

小、小事化了，或避重就轻，或推过揽功，蒙混过关，保住乌纱。

这种成熟，还要有一种务实的解决问题的初衷，而不能敷衍了事，躲过一时算一时。比如，好好的新闻发言人制度，在一些地方居然沦为对付舆论的“新闻宣布会”，发言人争分夺秒，速战速决，几分钟即匆匆离场，不给记者提问机会。追究起来，“我们也开了发布会，程序上没啥错”，至于解决不解决问题、会不会更激化矛盾，就顾不得了。这只是一种应付、敷衍，应付公众，敷衍上级。动这种“小聪明”的人，大多从心里反感网络，反感舆论监督，但无奈于现实，无奈于政务信息公开的大势所趋。到头来，那些敷衍了事的做法往往会适得其反，激化矛盾，化解危机的成本更大。

这种成熟，更要有一种敏感性、洞察力和预判力。不少突发事件，爆发只是几秒钟的事，酝酿过程往往很长，且可能缘于若干领域长时间积累的矛盾。暴露于公众眼前的，是“骗官案”、“茶杯门”、“喝水死”等，而隐藏在深处的，则是个别官员作风霸道、执法者不依法执法等。因此，最有效、最重要的办法，是将问题化解在萌芽。

这就不仅是应对舆情的应急问题，而是长期的功课，检验的是行政理念及行政能力的问题。就此，不同领域、不同岗位，标准不同。核心的，就是依法行政，规规矩矩按党纪国法办事，远离政策的“高压线”，不抱任何侥幸心理；以民为本，把百姓的利益放在心上；把为个人和小团体捞好处的心思，转移到当地发展的大事、正事上来；把习惯于暗箱操作的事情放到桌面上、阳光下——道理似乎都是大道理，但在这事上，没有捷径。这样做会很累人，也未必立竿见影，甚至一时难见政绩，但它却是治本之道，一劳永逸。

（原载 2010 年 4 月 16 日《工人日报》）

市场失灵时，凡事都要找市长吗

我们所要打造的是责任政府，但不是全能政府或万能政府。在市场失灵的领域，凡事都要政府来管，既不现实，甚至有某种程度的危险，这并不符合一个现代社会的发展趋势。

少年落水、大学生奋勇施救、打捞公司高价捞尸——自 2009 年 10 月 24 日湖北荆州宝塔湾救人事件发生后，先是公众为献身的英雄学子动情，后是网民集体讨伐打捞公司“冷血”，再有评论指责到场的海事局、派出所因缺乏打捞设备而“无能为力”，大学生不得不跪求打捞公司，显出政府失职。

也许是迫于舆论压力，有消息说，荆州市政府准备出资在宝塔湾边设立两个公益救助岗位，聘请人员专门从事江边紧急施救工作。

这样的岗位设置必要吗？有没有更好的选择？进一步而言，市场失灵后，即注定凡事都要找市长吗？这一思路是该提倡还是该审慎？

如果一地治安事件频发，百姓终日惶恐不安，我们可以说警察失职；如果多方利益冲突，却找不到相关法规调停，我们可以要求政府立法；如果弱势人群度日艰难，我们可以说社会保障不健全……但这并不等于说，在市场失灵的领域，无论大事小事，都要政府来管，都要由政府出面，设立一个机构、若干人等，从上至下，专司一职。

以宝塔湾救人事件为例，如果说政府部门有失职之处，那么，在这片“又宽又平、市民首选江边游玩的沙滩边”，安全警示是不是做到位了？有没有醒目的警示牌？“每一次宝塔湾有人溺水，基本都是靠我们队员救”，“自成立6年来已先后救起100多人”——冬泳队队长的话既说明这里溺水事件时有发生，预防工作不当，也说明这支民间的救援队伍长期热心此事。比起政府专设两个公益岗位来，鼓励并引导冬泳队积极参与救援，应是更明智的选择。

可以想象，如果政府设置专职人员每天盯在江边等着打捞尸体，既有道义上的不义嫌疑，更有机构设置必要性等一系列悬疑——其他江边河边要不要效仿？出于防患于未然，是否要设置一个全国从上至下的机构？而这样的打捞工作，一年出动几次？一整套人马长年维持下来，费用几何？

今天，我们社会生活中的事，除了交给市长或市场的，还有一些是可以交给民间、交给百姓自己的。而民间的热情、责任与力量也证明了，这样的选择更现实、更高效，同时会强化公民的自觉参与社会管理意识。

以一些地方的“癌友”组织为例，它们是癌症患者自发组成的民间组织，癌友之间互相鼓励支撑，与病魔不屈抗争。想象一下，如果这事也要靠政府，即建立一个组织，设一个机构，科长、处长、局长一干人马，布置工作、传达文件……而机械化的组织模式与癌友间体贴互助的内生需求明显格格不入，而且，这必然增加一笔不小的财政支出。如果靠市场呢？因为几乎没有赢利的可能，难以维持。

还有居民小区内，业主委员会对小区物业的聘请、环境及居民自助等事项的管理与协调，作用日益显现；街头巷尾、运动场内，三五成群的文体俱乐部，构成最草根层面的百姓自娱自乐图景。诸如此类。当然，更有组织程度更高的致力于环保、教育、法律援助、特殊人群救助等民间组织，做了大量政府顾及不到、企业也做不来的公益之事。它们的共同特征，不追求赢利，不是市场行为；不纳入政府机构，不花纳税人的钱。它们靠志同道合的志愿者自发走到一起，共同填补政府力量及市场力量延伸不到的空白，构成社会和谐运转的有生力量。

无论是我国目前发展趋势，还是其他国家的发展经验都告诉我们，保障现代社会的良好运行，有些事情是市长或市场所力不能及的。我们所要打造的是责任政府，但绝不是全能政府或万能政府。在市场失灵的领域，凡事都要政府来管，既不现实，甚至有某种程度的危险，这并不符合一个现代社会的发展趋势。

（原载 2009 年 11 月 12 日《工人日报》）

公益的归公益，市场的归市场

当消协和企业之间不能在利益往来上保持“绝缘”的时候，甚至消协不时跟某些企业“眉来眼去”时，这样的组织必然招致公众质疑：如何公正地保护消费者的利益？其存在的理由还剩多少？

“每年缴纳8000元到2万元不等的会员费，湖北省消委会‘3·15’网站便可屏蔽与该企业相关的投诉信息”——日前，由《新闻晨报》披露的这一消息使湖北省消费者委员会成为舆论争议的焦点，“猫让老鼠送鱼吃”、“拿自己的公共职能与企业做交易”、“出卖消费者利益敛财”等斥责声四起。日前，湖北省消委会秘书长表示，消委会对网站负有管理不善、监管不力之责，已关闭“3·15”网站。

据介绍，湖北省消委会是一个社团组织，“3·15”网站于1999年由消委会和一家企业联合组建，由企业投资，采取自收自支、自负盈亏的方式运作。尽管湖北省消委会秘书长极力澄清省消委会与网站在经济上没有关系，只负责监督和管理网站的政策宣传，但公众从常理上认定，“3·15”网站出事，消委会脱不了干系。

消费者协会向来被称为消费者的“娘家”，为消费者说话是其天职。多年来，消协在维护消费者权益方面做出了杰出成就，在公众中赢得良好口碑和公信力。但当少数“娘家”的胳膊肘往外拐时，人们即对这样的“娘家”产生怀疑与疏离。由保护消费者权益转向给企业充当吹鼓手，此事不仅导致该省消委会公信力受到质疑，且由于消委会具有一定程度的官方色彩，也殃及同级政府部门在公众中的形象。

职能不清、定位不明、资金来源模糊、运行监督缺乏等，一些地方的消委会运作中的问题渐渐暴露于公众视线之内。央视近日披露了安徽、内蒙古等地的消委会也有以收取会费为条件替企业“铲事”现象。湖北事发后，一些地方的消委会及网站纷纷忙着自查，看是不是对企业有强制收费行为，是不是在网站发了类似文件等。这不能不让人担心：当消协和企业之间不能在利益往来上保持“绝缘”的时候，甚至消协不时跟某些企业“眉来眼去”时，这样的组织必然招致公众的质疑：如何公正地保护消费者的利益？其存在的理由还剩多少？

公益的归公益，市场的归市场。要保持公益组织的公信力，公益性组织必须回归公益本位，而这是关系公益组织生死存亡的生命线。

当然，希望公益组织超越一切现实利益的纠葛，似乎并不现实。作为半官方性的社会组织，消协的健康成长离不开相关监督部门的监督，谁也不愿意看到第二个牙防组的出现。就更多的公益组织来说，日常运作同样离不开阳光，离不开公众的监督。

与此同时，稳定的经费来源也是关键因素之一。尽管《消费者权益保护法》等法规规定了消协的一些合法的收入来源，如政府拨款、社会赞助，但实际上，“如何在市场经济条件下找到一个合理的稳定的筹资渠道”是困扰包括消协在内的不少公益性组织的大事。就此，寻求制度上的突破也是一道并不轻松的课题。

（原载 2009 年 4 月 9 日《工人日报》）

别让群众的怨气形成“堰塞湖”

为自己的仕途升迁忙碌，跑官要官，结织关系网；或者满足于工作上做表面文章，停留于开会传达精神，下基层走马观花，对当地百姓最关心什么、最希望政府解决什么，心中没数。时间一长，官员与百姓的距离越来越远，社会问题和矛盾也可能越积越多。

针对贵州瓮安“6·28”严重打砸抢烧突发性事件，中共贵州省委书记石宗源分析其原因时说，这次事件表面的、直接的导火索是女中学生的死因争议，但背后深层次原因是当地在矿产资源开发、移民安置、建筑拆迁等工作中，侵犯群众利益的事情屡有发生，而在处置这些矛盾纠纷和群体事件过程中，一些干部作风粗暴、工作方法简单，甚至随意动用警力。

2008 年 6 月 28 日，贵州瓮安县发生一起严重打砸抢烧突发事件，造成百余名公安民警受伤，县委、县政府和县公安局被焚烧打砸，公共财产损失严重。

能够从当地社会矛盾积聚的深层原因反省瓮安事件的成因，是一种不回避矛盾、直面问题的理智态度。从处理结果看，瓮安县县委书记、县长、公安局政委和局长等已被免职，官员问责到位，事件正向着理性的方向发展。

为什么一件起因简单的事件会酿成严重的突发性事件？除了被免职的直接责任人之外，那些在当地矿产资源开发、移民安置、建筑拆迁等工作中，侵犯群众利益的相关人员，那些在处置这些矛盾纠纷和群体事件过程中，作风粗暴、工作方法简单，甚至随意动用警力的相关工作人员，是不是负有间接责任？进一步推而广之，其他地区有没有类似的侵犯群众利益现象？相关官员是不是清醒地意识到百姓中有不满情绪？想没想办法来化解？

据“6·28”事件专案组介绍，在此事件中，黑帮分子不仅直接参与了打砸抢烧，同时还组织、教唆、胁迫青少年参与。看来，这些黑恶势力的存在不是一天两天，相关部门何以养虎遗患？这是尤其让人不安的地方。

事实上，一些地方的少数官员平日的心思并没有放在如何为群众办事、为当地发展尽心尽力上，他们或者为自己的仕途升迁忙碌，跑官要官，结织关系网；或者满足于工作上做表面文章，停留于开会传达精神，下基层走马观花，对当地百姓最关心什么、最希望政府解决什么，心中没数。时间一长，官员与百姓的距离越来越远，社会问题和矛盾也可能越积越多。

近来在一些地方举行的官员大接访，受到百姓的欢迎和舆论的肯定。但上访群众排出百米长队的“壮观”景象也容易引人质疑：为什么一些诸如没有自来水、水浸街等“小事”，百姓也要等到大接访中找市长才有望解决？平时各相关职能部门尽没尽职？

在大接访中，广州市一位官员说得好：虽然不能一下子解决所有问题，哪怕就是解释，也能让群众多看到一点希望，少一点怨气，社会也就会多一点和谐。

“让群众多看到一点希望、少一点怨气”，实在不是多高的标准，甚至可以说是较低的标准了。但要做到这一点，并不容易。

群众之所以有怨气，或是自身正当权益被侵害又没处说理，或是与有关部门沟通中的误解没能及时化解。解决这些问题，首先要有畅通的民意表达渠道，要有实实在在的政府信息公开渠道，相关部门及官员要及时注意哪些事情损害了百姓利益，公众对哪些事情不满。更重要的，对暴露出的问题，不能听之任之，不能视而不见，不能推诿敷衍，不能绕着矛盾走。否则，一旦矛盾积少成多，最后由一个导火索引发恶性事件，往往后果严重，影响恶劣。

不能让群众的怨气形成危险的“堰塞湖”，说到底，要把群众利益当回事，要切切实实依法行政。瓮安事件应该给更多地区及官员敲响警钟。

（原载 2008 年 7 月 8 日《工人日报》）

当“政绩工程”披上文化的华彩外衣

一味追求立竿见影、轰轰烈烈，将文化繁荣等同于大兴土木、上大项目的观念，是走入了一种误区。那种挥金如土，追求眼前“气势磅礴”、“名扬天下”的文化大项目，是一种典型的“政绩工程”，尽管它们披着文化的华彩外衣。

从某省计划投资300亿元建设中华文化标志城，到某省三个县分别投资兴建黄河三峡孔子大殿、秦皇祭天广场三期工程、老子文化园，总投资1.4亿元；从西北某省黄帝陵两次整修投资2.8亿元，到中部地区两市计划投入3.5亿元，对黄帝故里景区进行改扩建；还有一个经济并不富裕的城市耗资10亿元，建设近7万平方米的大剧院，宣称堪与国家大剧院、上海东方艺术中心相媲美……

打着“传承文明”、“发展文化”等金字招牌，一个个耗资巨大、规模宏大的文化大项目，在一些地方接连冒出，似有成风之势。对此，近日《人民日报》刊文提出，警惕文化“政绩工程”。

所谓“政绩工程”，从最初的某些城市标志性建筑、大广场等，到某些经济开发示范园区，进而演变到眼下的文化标志城、名人故里景区、祭天广场之类的项目，其共同特点是：都有一个冠冕堂皇的理由，如“打造现代都市”，“改善投资环境”，“提升知名度”，“发展文化，

传承文明”等等；都不惜重金，动辄投资几千万元甚至几亿元，追求“全国第一、国际领先”；其决策大都由少数人拍板，即使有专家论证，也多流于形式；就其社会影响而言，不仅助长了浮华不实的作风，影响了政府形象，而且，为上大项目而集资、贷款等，往往衍生出拖欠工程款、加重地方债务负担，引发诸多非议甚至社会矛盾。

同样是几个亿的文化投资，一种选择是建文化标志性建筑或景区，“国内一流”，“国际领先”，轰动四方，一些官员大有炫耀的“政绩”；还有一种选择是充实基层文化站点的建设，让更多的百姓多看上几场演出和电影，免费进博物馆、文化馆参观、活动，多享受几分文化的滋养，但这可能没啥轰动效应——哪一种选择更受决策者青睐呢？

相关数字令人担心，相当一些地方选择了前者。《中国公共文化服务发展报告（2007）》显示，在近年来中央及地方财政不断加大对公共文化投入的同时，从2001年到2006年，群众文化服务机构数量却在逐年减少。乡镇文化站由2001年的39348个，减少到2006年的34593个，减少了12%。

与经济发展比起来，文化的繁荣更是润物细无声、静水流深的功夫。一味追求立竿见影、轰轰烈烈，将文化繁荣等同于大兴土木、上大项目的观念，是走入了一种误区。那种挥金如土，追求眼前“气势磅礴”、“名扬天下”的文化大项目，是一种典型的“政绩工程”，尽管它们披着文化的华彩外衣。

拒绝文化“政绩工程”，要求各级决策者在文化建设上，踏踏实实做实事，不能总想着轰轰烈烈求虚名；要精打细算，多在功在千秋的文化基础建设性工作上下功夫，让更多百姓享受文化的滋养，而不是只求眼前“名扬天下”，不是只想着给个别人脸上贴金。

（原载2008年4月18日《工人日报》）

“公家的便宜”不是那么好占的

“法不责众”及“政府还能拿公务员怎么着”的心态，助长了“赖房”之风的蔓延。

近日，一场牵动深圳不少人的公房清退工作，正在紧锣密鼓地推进。

“公务员转租廉租房的租金要‘全部吐出来’；拒绝退出房子的公务员将被开除”，“坚决杜绝‘开着奔驰宝马要房子’的现象”，“不管谁打招呼批条子都不能手软”——近日深圳全面清理政策性出租房，“退房令”期限由2007年11月10日推延到11月20日。最终结果如何，公众拭目以待。《工人日报》自10月27日起一直密切关注此事的每一步进展。

深圳此次“退房令”所针对的，是该市住房专项资金建设的政策性出租住房，专用于解决市属党政机关、事业单位及重点企业暂无住房的干部职工周转租住，但有些人另有住房后依然占用公房，甚至转租获利。市长对此的定性是，“这是非法占用政府资源。”

“非法”二字，可谓一针见血。

占用政府资源，占公家便宜，典型的损公肥私，直接受损的是那些本应享受却无缘政府资源的人，使得政府管理的科学性及权威性打

了折扣，社会的公平正义得不到保障。

从工资、养老金、医保到福利性住房等的分配，都存在一个如何确保公平的问题。而在这种分配中，想尽办法“占公家便宜”的人并不少见——那些不上班也领工资“吃空饷”的，那些冒领“养老金”的，那些借着行业垄断特权享受免费出行、用电、用水、用气“福利”的，还有那些在出差、修车等公款报销上揩公家油的，诸如此类。

有资格“占公家便宜”的，大多非等闲之辈，手中掌有或大或小的特权。比如，那些不在垄断行业上班的，若也想免费乘车、用电、用水等，不易；那些没有过硬“门路”的，想混进公家大门、不上班也能领一份“空饷”，也难……“公家便宜”的背后往往跟随着权力的影子。

与此同时，更有管理制度上的漏洞。针对公款消费的“黑洞”，公务消费卡等新举措连连推出，剑指那些钻公款报销空子的人。一些地方清理“吃空饷”行动，也是力图扎紧“篱笆”，防范挖公家墙脚的不良之辈。

在深圳，一边是大批人排队等着租住政府公房，一边是已另有住房的人赖着公房不退甚至转租牟利，后者的行为无疑在化解着政府倾力解决住房困难人群的政策效力，使政府对住房困难群体的承诺难以兑现。

“法不责众”及“政府还能拿公务员怎么着”的心态，助长了“赖房”之风的蔓延。深圳铁腕整饬赖房者，可谓痛下决心，重拳出击，击中了一些人“公家便宜不占白不占”的心态。在伤害公众利益、损害政府形象的问题上，我们需要这样的铁腕，需要这样的决心。

公务员是政府政策的制定者和执行者，对政府资源可谓“近水楼台”。如果缺乏有效制度防范这些“近水楼台”者“先得月”，则将政府资源分配给最需要者的原则将落空，社会的公平正义也无从实现，百姓对政府的评价也不会满意，和谐社会的构建也会大大迟缓。拧紧政府资源的“水龙头”，让“占公家便宜”的人不能得逞，需要深圳的铁腕，需要在法律框架下“滴水不漏”的严格管理。

（原载 2007 年 11 月 16 日《工人日报》）

垃圾处理可不是小事

这是一个事涉非传统安全的问题，超出了简单的环保层面，以往几个部门关起门来找几个专家论证一番即拍板的惯用做法已明显简单化了，难以应对现实。

2010年北京市两会上，北京市副市长黄卫就“一些市民对要建设的垃圾焚烧厂有些意见，认为产生的二噁英会对人体有害”的采访表态，“不建垃圾焚烧厂怎么办？目前北京已没地方填埋垃圾了。”

苦恼于垃圾处理的，远不止北京。一段时间以来，若干城市因垃圾发电厂选址引发纷争，其共同点都是担心垃圾焚烧产生有害气体危及健康，垃圾焚烧发电厂附近百姓要求迁走发电厂。

垃圾填埋，可用土地日益稀少；垃圾焚烧，又人见人躲——一个环保问题，何以上升为一个棘手的社会问题？

其一，今天，公众对清新的空气、洁净的水源等环境要求越来越敏感，对自身健康的要求越来越敏感；其二，今天，公众对政府决策公开的要求越来越高，参与决策意识越来越强。这都使得垃圾处理问题超出了简单的环保层面，以往几个部门关起门来找几个专家论证一番即拍板的惯用做法已明显简单化了，难以应对现实。

从操作层面来说，相关信息的公开首当其冲。比如，什么样的垃圾处理技术最为合理？垃圾或埋或烧，都有后遗症，如何两害相权取其轻？我们的技术条件及现实基础如何？这些问题如果能放在一个更加开放的平台，让公众有更大的知情权，就会大大增加公众参与讨论的理性，有助于公众更充分地认识到垃圾处理的复杂性，并可能在妥协中达成多数人认同的协议。

从制度安排的层面来说，国外的经验告诉我们，由垃圾分类着手，减少垃圾总量，可大大降低垃圾处理的难度和成本。但这事在我国很多地方尚未纳入议事日程，个别地方做了些尝试，但多是无疾而终，不了了之。配套工作如何去做？不同部门的协调如何着手？

从理念层面来说，类似于垃圾焚烧厂建在哪里，或者水源被污染怎么办等环保问题，按学者的说法，这是一个事涉非传统安全的问题。非传统安全是相对于传统安全而言，指除军事、政治和外交冲突以外的其他对主权国家及人类整体生存与发展构成威胁的因素，包括环境问题、能源危机、大规模疾病；跨国性的有组织犯罪活动，如跨国毒品贩运、国际洗钱活动、拐卖人口、非法移民；国际性的电脑病毒、黑客所引发的信息安全问题，等等。

今天，对因海平面上升、沙漠侵袭、洪水与暴风雨等灾难性天气，以及土地退化，而不得不搬离家乡的人群，国际上称之为环境难民。也许环境难民的警示离我们较远，但是，不能再走发达国家“先污染、后治理”的老路，这种认识当继续强化，并得到公众广泛认同。

现实情况是，公众对政府的期望更高，既希望享受经济社会快速发展的丰硕成果，同时希望离有毒有害的水源与空气越远越好。相关管理者如果能理性地体察到公众的需要和期望，就应该不会把垃圾处理之类的环境问题当成小事。

（原载 2010 年 1 月 29 日《工人日报》）

期待由抱怨到行动的转折

提升公众对环保前景的信心，让公众从政府行动中看到希望与激励的力量。

关于“中国公众环保指数（2008）”调查数字的解读，成了近日不少大小媒体的话题。调查结果由中国环境文化促进会公布。调查显示：2008年环境污染问题在“我国公众最关注的社会热点问题”调查中排名第三，紧跟在“物价问题”和“食品安全”之后，已连续三年进入该项调查公众关注热点的“前三”。

《工人日报》近日的一篇报道，将对调查数字的解读落脚为《环保：公众如何变“抱怨”为“行动”》。因为调查显示，尽管公众对环境问题的危机意识在增强，81%的公众认为“我对环境保护负有责任”，却只有26%的公众表示“经常采取环保节能行为”，47%的公众在日常生活中“不会”向有关部门举报环保违法行为，公众的环保意识依然处于较低水平，环保参与度不高，环境保护真正成为全体公众的自觉行为依然任重道远。其中，环保素质仍是“洼地”，并成为制约环保水平提高的最大障碍。高达72.2%的公众不知道6月5日是“世界环境日”，能够正确回答“对本辖区环境质量负责”的机构是地方人民政府的公众仅为11.2%。

这样的数字并没有责备谁的意思，因为它的主体是公众而非特定人群，为其脸红的人不会太多。但这不等于问题不严重。

环保素质、环保意识是公民素质、公民责任的一个组成部分。如果我们将公众环保意识与行动的讨论放在公民责任的平台上，就更容易认清问题的实质。期望某些与同类相处还不习惯考虑对方感受的人肯为环境的事操太多的心、尽太多的力，现实吗？看看我们周围，大街上痰迹、小区里宠物粪便不时“横空出世”，公共场合大声喧哗者如入无人之境，在如此公民素质之下，环保素质有可能“单兵突进”吗？尽管经过2008年北京奥运会洗礼，国民公德意识有了一定强化，但德行、素质之类的东西，并不是连着吃一个星期的红烧肉，脸色就能迅速红润那样来得快。

由抱怨到行动，要澄清一个观念，并不只是少用塑料袋、自觉给宠物收拾粪便，才是环保行动。主动举报污染现象，提出可行性建议，通过合法渠道呼吁政府部门承担起环保的责任如公开环保信息、细化立法等，都是典型的公民环保行动。而这些行动体现的参与环保意识，更是我们的弱项，也是更较真的指标。

期待所有的人或大多数人为了环保事业而义无返顾，并不现实。我们的社会需要为未来、为某种理念而无私奉献的人，但他们真正能够起到的引领社会的作用，往往并不会立竿见影。这一点，我们不能过于乐观。现实当中，人们看到的是为环保公益事业四处奔波者，最终身心疲惫，得到的道义上的支持往往多于现实的成功。一些环保民间组织在艰难而孤独中坚守。在此情形下，我们最需要什么？是提升公众对环保前景的信心，让公众从政府行动中看到希望与激励的力量。

调查显示，当前环境保护中“政府强势、企业忽视、公众漠视”的现象依然存在，这与我国现阶段的国情极为吻合。在环保事业起步不久、民间力量尚没有强大起来的现实下，政府部门的强力引导与示

范至关重要。“政府的环保信息应该更公开”，“应该进一步提高对环保事件的处置能力和效率”，政府部门应该从公众期待中看到需要改进的地方。

我们相信，调查本身、数字公布的本身也是一种力量、一种警示——它不只是对学者而言，更应该是对全体公众，包括政府相关部门。

（原载 2009 年 1 月 23 日《工人日报》）

环境经济政策的推进是一次“大考”

环境经济政策能否顺利出台并落实，取决于有没有一个有力的协调机制，取决于各相关部门能否认识到实施环境经济政策是自己分内之责，而非分外义务，还取决于各相关部门、地区和行业能否超越各自的部门利益、地区利益和行业利益。

解决环境问题最有效、最能形成长效机制的办法是什么？国家环保总局副局长潘岳2007年9月9日在第十二届“绿色中国论坛”上的回答是，构建环境经济政策体系，按照市场经济规律的要求，运用价格、税收、财政、信贷、收费、保险等经济手段，影响市场主体行为，它涉及绿色税收、环境收费、绿色资本市场、生态补偿、排污权交易、绿色贸易以及绿色保险等多项政策手段。

实际上，在2007年7月底，国家环保总局已与中国人民银行、中国银监会联合出台了《关于落实环境保护政策法规防范信贷风险的意见》，旨在对不符合产业政策、环境违法的企业和项目进行信贷控制，以绿色信贷机制遏制高耗能高污染产业的盲目扩张，提高金融信贷对环保的调控力度。有最新消息说，国家环保总局已着手通过在自然保护区、重要生态功能区、矿产资源开发和流域水环境保护四个领域进行生态补偿试点，为全面建立生态补偿机制奠定基础。不难看出，环

境经济政策这张大网正在紧锣密鼓地编织。

环保不是环保部门一家的事，这个道理大家都懂。但长期以来，由于缺乏有效的政策支撑，“环保风暴”也好，“流域限批”政策也好，保护蓝天白云、惠及子孙后代的环保大业，似乎更多的是环保部门在唱“独角戏”。在越来越严峻的环境污染形势的逼迫下，环保部门一家明显独木难支、力不从心。而环境经济政策构架的提出，实际上是给全社会出了一道考题，对相关宏观决策部门来说是一次“大考”。比如，这一政策体系涉及证监会如何对上市公司进行环保核查，评价其环境绩效，促进上市公司履行环保责任；涉及保监会如何在环境事故高发的企业和区域推行环境污染责任险试点；还涉及商务部如何加强对出口企业环境管理，限制不履行社会责任的企业产品出口等。

环境经济政策能否顺利出台并落实，首先取决于有没有一个有力的协调机制，取决于各相关部门能否认识到实施环境经济政策是自己分内之责，而非分外义务，还取决于各相关部门、地区和行业能否超越各自的部门利益、地区利益和行业利益。比如，生态补偿政策直接涉及发达地区对不发达地区、城市对乡村、富裕人群对贫困人群、下游对上游、受益方对受损方、高耗能高污染产业对环保产业的生态补偿。从自己身上割肉，会不会心疼？肯不肯顾全大局？这必然涉及不同地区、人群、产业的利益调整。

事实上，上述环境经济政策还只是一个框架，有的只是初步设想。要推行税收、信贷、保险等这些被一些国家惯用的遏制污染企业的经济手段，我们还面临一些现实障碍，如缺乏数据支撑等。还有，如何整合我们现有的法律资源、行政资源，如何学习他国的先进经验办好我们自己的事，均有待后续实质性的研究与探索。

（原载 2007 年 9 月 14 日《工人日报》）

信息公开：一张“王牌”

公众对参与环保的理解已不止于植树种草、清理垃圾等，如何从立法层面、从监督企业守法层面保护我们共同的家园，公众的责任意识渐渐明晰。

环保部门应当主动公开“污染物排放超过国家或者地方排放标准，或者污染物排放总量超过地方人民政府核定的排放总量控制指标的污染严重的企业名单”，公开“发生重大、特大环境污染事故或者事件的企业名单，拒不执行已生效的环境行政处罚决定的企业名单”——这是国家环保总局近日发布的《环境信息公开办法（试行）》的规定，其中特别强调，对超标、超总量排污的企业不公布或者未按规定要求公布污染物排放情况的，由县级以上地方人民政府环保部门依据《清洁生产促进法》的规定，处10万元以下罚款，并代为公布——这个将于2008年5月1日施行的规定，对某些排污企业将是一道“紧箍咒”。

这一试行办法是继国务院颁布《政府信息公开条例》之后，政府部门发布的第一部有关信息公开的规范性文件，也是第一部有关环境信息公开的综合性部门规章。它将强制环保部门和污染企业向全社会公开重要环境信息，为公众参与污染减排工作提供制度性平台。

尤其在节能减排形势严峻的现实背景下，这一试行办法的出台更

为公众关注。污染减排由于涉及对传统增长模式及因此形成的利益格局的调整，仅凭环保等少数部门的力量可谓“力不从心”。4月底，先是国务院节能减排工作领导小组成立，温家宝总理任组长，然后是国务院召开全国节能减排工作电视电话会议，动员和部署加强节能减排工作，实现节能减排目标的意义被提升到“是建设资源节约型、环境友好型社会的必然选择，对于调整经济结构、转变增长方式、提高人民生活质量、维护中华民族长远利益，具有极其重要而深远的意义”的高度——各地已明显感到中央政府在节能减排上的坚定决心。

近年来，环境污染事故频繁发生，环境问题成为引发社会矛盾的若干主要因素之一。而公众对参与环保的理解已不止于植树种草、清理垃圾等，如何从立法层面、从监督企业守法层面保护我们共同的家园，公众的责任意识渐渐明晰。尤其是2005年圆明园防渗工程引发各方争议、建言，环保总局召开了第一个公开的听证会，不少人深切感受到环保的大门是向公众敞开的。

时下，谁也不能否认公众参与环保的力量。来自环保部门的信息显示，2006年因信息公开不符合要求、公众对项目造成的环境影响不满意等原因，环保总局对总投资达1600亿元的43个火电、化工、公路、铁路等项目的环评文件不予受理，消解了大量社会矛盾和环境安全隐患。在一些重大敏感项目审查中，对公众意见的有效采纳消除了大量环境隐患。河南“华夏第一祖龙”被叫停，即显示了舆论监督的力量。

但是，如果仅仅停留于事后监督或非程序性的个案监督，往往成本较大，效率有限。因此，从源头出发，强制重大建设项目要过环评关，强制排污企业要公开排污情况，无疑是将公众监督纳入制度化、程序化轨道的制度安排。

建立环境信息公开制度，搭建起公众与相关部门沟通的桥梁，让公众行使对项目建设、企业排污的环境监督权，使不同利益群体在良性互动中达成和谐，无疑会有利于避免既成事实后的冲突，使因污染引发的矛盾及时化解。同时，也只有及时公开环境信息，才能使更多的人参与相关部门的环境决策，集中民智，促进科学、民主决策，促进政府职能转变。

当然，好的制度要收到预期效果还要靠有效的落实，而公众的积极参与更是必不可少。我们的目标一致——我们的家园不可失去蓝天碧水。

（原载 2007 年 5 月 9 日《工人日报》）

环评：在艰难博弈中前行

类似的博弈都是利益的对垒，或大局利益与小团体利益的争锋，或国家利益与少数人私利的拉锯，或国家法规与某些潜规则的对峙。它表明，一些领域的改革每向前推进一步，都不得不付出巨大的代价。

“‘区域限批’只是手段，只是环境监管部门行政权力的最大化使用。中国环境问题的最终解决，不在于一个部门的几次执法和几项新政策，而在于体制与法律的真正改革，在于公众监督力量的真正形成。新制度要经过多次博弈确立，每次‘环评风暴’都是一场博弈，‘区域限批’无非是更接近它们的底线而已”——这是国家环保总局副局长潘岳在生态文明与可持续发展研讨会上的一番肺腑之言。

“每次‘环评风暴’都是一场博弈”，此话既透露出环保部门在环保执法中顶着莫大的阻力，也透露出对一些违法者挑战国家环保法律的胆量不容低估。站在公众立场，我们应该给这场博弈中的执法者以最大鼓励和支持，并期望执法力度再大些、手段再严厉些。

而类似的博弈同样考验着其他存在民生矛盾的领域。比如商品房价格的调控；比如非法煤矿的整治。近日有消息说，有关方面将对房价调控政策落实不到位、房价涨幅没得到有效控制、结构性矛盾突出、拆迁问题较多及新建住房套型结构比例未落实的城市，要求限期整改并追究有关领导责任。此举针对的是之前中央出台一系列调控房价政策但一些城市房价依然一路狂奔的现实，其重要原因即个别地方态度暧昧，并不切实执行调控政策。因而，调控房价实际上成了中央、地方及房产商之间的一场博弈。

再有，国务院安委会督察组近日在对黑龙江30多个煤矿的现场督察中发现，不仅煤企负责人对煤矿关闭有抵触，甚至弄虚作假、逃避关闭，而且部分地方官员也有畏难情绪，对关闭非法小煤矿工作不力。它同样揭示出，尽管国务院安委会态度坚决，但来自地方主管部门的“太极拳”使得整治非法煤矿的政策遭遇梗阻。

类似的博弈都是利益的对垒，或大局利益与小团体利益的争锋，或国家利益与少数人私利的拉锯，或国家法规与某些潜规则的对峙。它表明，一些领域的改革每向前推进一步，都不得不付出巨大的代价。

无论是环保执法，还是房价调控，或是煤矿整治，都事关多方利益。大体而言，一方是国家力图以相关法规、政策推进改革；一方是地方相关部门的执法与落实；一方是当事企业的经营活动。照理，地方相关部门应听从国家的法规与中央的政令，站在法律与政令一边，共同惩治违规违法者。然而，个别地方或出于地方利益的考虑，或出于追求“短平快”业绩的冲动，或出于其他不便明说的理由，有的瞻前顾后，有的左右观望，有的按兵不动，有的消极抵抗，有的阳奉阴违，以致违法行为得不到惩罚，调控政策难以落实，经济社会生活秩序被扰乱，公平竞争原则被践踏，法律威严及政府形象被损害。

上述博弈之艰难，关键在于如何以有效的制度安排和调控措施，使地方利益与百姓利益一致起来、与国家整体利益一致起来，避免或消除某些因素在改革和发展中的掣肘。

（原载2007年2月9日《工人日报》）

"得罪人的话"该说就得说

"得罪人"者所针对的都是百姓深恶痛绝的顽疾——从黑心矿主瞒报矿难及官员为非法煤矿充当"保护伞"，到中央财政资金转移支付过程中的"渗水"和被"截流"，以及触目惊心的环境污染和其背后官员追求GDP的"顽强动力"……因此，公众屡屡为他们的"得罪人"之举叫好。

在2007年11月4日举行的战略环评论坛上，国家环保总局副局长潘岳用若干案例警告说，由于我国缺少对地区、行业、流域、能源规划的环境影响评价，大批污染企业的不合理布局已严重影响我国的环境质量。而规划环评法的制定几度搁浅，原因在于"规划环评所注重的长期利益、全局利益往往与有些部门和地方所追求的短期利益、局部利益相冲突"。

潘岳的这番话可能要得罪人了。尽管他并没点某个部门、某个官员的名，但当事者心知肚明，不排除有人装糊涂，也不排除有人心里不自在。

类似这样"得罪人"的话和事一出，往往成为新闻热点。本文论及的"得罪人"大体限于平级部门之间，一个部门的作为使得其他部门陷于尴尬，甚至关系紧张。算起来，近年来屡屡"得罪人"的部门和官员，“名列前茅”的要数国家安监总局的李毅中和国家审计署的李金华了。

处理矿难，李毅中四处“救火”，屡屡用词犀利——“老板的胆子为什么这么大？背后有没有什么东西？”“要有我不下地狱谁下地狱的气魄”，“对党员干部，要让其受处分，丢帽子；对职业经理人，要罢免其任职资格，丢位子；对黑心矿主，要让其倾家荡产，丢票子”——让不少矿主心惊胆战，更让不少煤矿管理者心有余悸。作为“审计风暴”源头的国家审计署，近年来也让不少中央大部委如坐针毡。自谑为“国家财政资金看门狗”的国家审计署审计长李金华自己很清楚，“我们就是得罪人的”，“要当审计长，就必须断掉自己的后路”。

面对积重难返的问题，面对激烈的利益冲突，忠于职守的监管者会拍案而起“得罪人”。他们“得罪”的或是同级其他部门及官员，或是级别不低的地方政府及要员，使这些部门、官员的工作失误、失职暴露在公众面前，因而令某些人丢面子、不痛快。但“得罪人”者所针对的都是百姓深恶痛绝的顽疾——从黑心矿主瞒报矿难及官员为非法煤矿充当“保护伞”，到中央财政资金转移支付过程中的“渗水”和被“截流”，以及触目惊心的环境污染和其背后官员追求 GDP 的“顽强动力”……因此，公众屡屡为他们的“得罪人”之举叫好。

不怕“得罪人”，必须自己要行得正、站得直，凡事出于公心，着眼于大局利益、国家利益。唯其如此，他们“得罪人”才会得到公众的支持，包括上级、同级的理解。

不怕“得罪人”需要不寻常的勇气和责任。倘若遇事“你好我好大家好”，一团和气，看到矛盾绕着走，发现问题“睁一只眼闭一只眼”，自然不太可能“得罪人”，落个好人缘，但同时，治下的工作往往难有创新，现状也难有改进，甚至矛盾越积越多，最终辜负的是党

和人民的重托，“得罪”的是党和人民的信任。

我们关注类似“得罪人”的新闻，更因为它折射出当前某些领域改革的艰难。靠一个部门、一个地区的孤军奋战已是力所不及，必须依赖相关部门的戮力协作。其中难免涉及部门利益、地区利益的让步甚至牺牲。这个时候，无疑考验着各相关部门及地区能否以大局为重，以国家利益为重，该让步的要让步，该牺牲的要牺牲。

“得罪人的话”该说就得说。被“得罪”的部门能不能有个正确态度是问题最终能否顺利解决的关键。而如何从制度设计上让这种“得罪人”的矛盾尽快化解，更是关键中的关键。

（原载 2007 年 11 月 8 日《工人日报》）

对社情民意的迟钝是极大隐患

什么是自己该做且必须做的事，什么是自己不能擅自决策而必须通过合法程序决策的事，什么是无论如何不能做、否则即违规违法的事，一些人并不十分清楚，或者根本就没想搞清楚。多年来别人、别的地方都这么干，我依样而为何错之有？以致对自己的失职渎职行为不仅不自觉，被查处还觉得“委屈”。

早就有苗头，百姓街谈巷议已有时日，但上面并不知情，矛盾由小积大，以至养痈遗患，终酿事端，不得不彻查、集中整治——某些社会问题的这种演变过程，根源何在？人们屡屡追问。

据第 24 期《瞭望新闻周刊》报道，近来一些重大群体事件看似突发，实际上都经过一个“民意—民怨—民怒”的过程，由民间纠纷、治安案件、刑事案件而转化、升级。这暴露了一些基层部门对社会矛盾反应“迟钝”。报道分析说，一些地方政府生怕上级听到对自己不利的信息，只报喜不报忧，谈问题是“金字塔”——一级一级往上缩小，而讲成绩却是“倒金字塔”——一级一级向上夸大。出了事就“怕”、“包”、“捂”，小事不报告，大事先摆平再报告。等摆不平被迫报告时，局面已难收拾。

这无疑是对社情民意的感觉迟钝，是和谐社会建设的极大隐患。

它使原本有望在萌芽状态化解的问题趋于恶化，使破解矛盾的行政成本倍增，使百姓对政府的信任消减，使改革建设事业遭遇不应有的阻力。

对社情民意的迟钝凸现相关纠错机制的欠缺或失灵。一个地方、个别人可能出于个别原因而麻木或迟钝，若多个地方、相当一些人都表现麻木或迟钝，则值得警惕和反思。在一些矛盾突出的地方或领域，往往不难发现官员对社情民意感觉迟钝的影子。比如各地正在清理党政机关的楼堂馆所，这是近年来各地竞建豪华办公楼呈蔓延之势、百姓对公共财政资金管理松懈多有指责的事后补救。而建设豪华办公楼从个别地方到呈蔓延之势，相关部门一直缺乏敏锐察觉和遏制对策。当舆论质疑声一浪高过一浪时，只可惜木已成舟，如何善后又是一道难题。

对社情民意的迟钝，重要原因之一是相关部门及其人员对自身职责意识的模糊。什么是自己权力范围内的事，什么是自己该做且必须做的事，什么是自己不能擅自决策而必须通过合法程序决策的事，什么是无论如何不能做、否则即违规违法的事，一些人并不十分清楚，或者根本就没想搞清楚。多年来别人、别的地方都这么干，我依样而为何错之有？以致对自己的失职渎职行为不仅不自觉，被查处还觉得“委屈”。

其二，群众监督乏力。一些官员做事只对上负责、不对下负责，把很多精力放在取悦上级、打造表面“形象”、“政绩”上，而不是实实在在为百姓谋利，为地方及国家长远发展做事。

对那些切实不明白自己职权边界的官员，有必要强化其政策理论学习，提升其政策法律的把握水准；而对那些“揣着明白装糊涂”、为了编织“政绩”而有意欺上瞒下的，则必须从完善干部评价与考核机制入手，让他们的如意算盘落空，让更多踏踏实实为官做事的人得到应有的激励。

千里之堤溃于蚁穴。如果我们对小问题、小隐患麻木、迟钝，不能及时纠错、补漏，那么，我们面临的就可能是大问题、大麻烦。对此，各级政府及广大官员必须保持高度的政治敏感与责任心，明察秋毫，举一反三，未雨绸缪，应时权变，防患于未然。任何麻木、迟钝的心态都是极其危险的。

（原载 2007 年 6 月 26 日《工人日报》）

后 记

一直有个念头，把自己多年来写的时评结集，尽管其中不乏幼稚之处，但毕竟，它应该是一个时期熙熙攘攘的人和事的记录，也刻录下自己的一段心路历程。就像翻看老照片，追忆的是过去的岁月，至于主人公脸上的笑容是不是有几分傻相，倒在其次。

这本集子收录的文章，多数是近两年刊发于《工人日报》的时评、随笔，另有若干时评散见于《社会学家茶座》、《北京文学》、《中国质量》、《中国经济时报》等报刊。它们多数是被强令“限时交稿”下草就，“主动而为”的很少。多年不见的同学打电话来，“在网上搜你的名字，发现你写了那么多东西”，我总会实话相告，“被逼无奈”。

新闻时评是“短命”的吗？几年前媒体针砭的问题，今天看来，并未见有多大改观，甚至换个时间、地点、主人公，似乎一切如常。不知是应为新闻时评的“非短命”而喜，还是应为时下某些改革进展之缓慢而忧。略有不同的是，呈现在今天的现实，是更多元的利益博弈、更纷乱的人物纠葛、更复杂的是非因果，由此，也可以说，还有诸多的真相、常识尚待追问。

“无非想明白些道理，遇见些有趣的事。”这是已故作家王小波对自己的很低的要求。我自己的体会，写点东西，也算在迫使自己多明

白些世理。

感谢我供职的《工人日报》中所有帮我修改、润色稿子的同仁；感谢青年记协为这一丛书出版所提供的支持；感谢中国发展出版社的编辑付出的专业劳动。

刘文宁

2010 年 10 月于北京